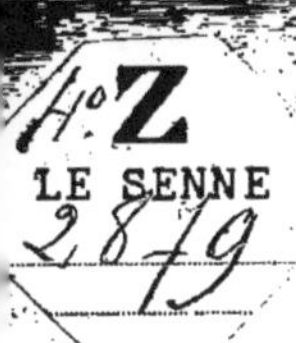

# COLLECTION

DE

# FEU M. LOUIS GARNIER

# COLLECTION

DE

# FEU M. LOUIS GARNIER

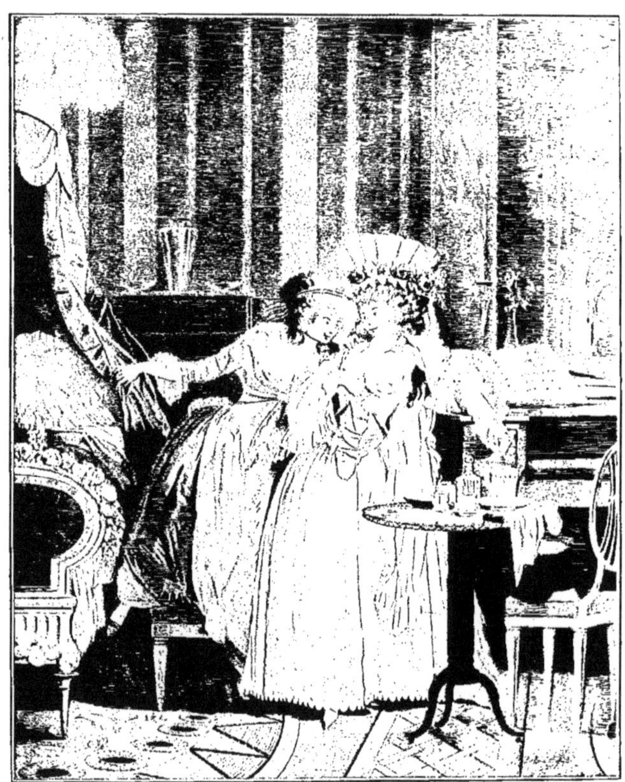

N° 265 du Catalogue.

# CATALOGUE

DES

# ESTAMPES

## ANCIENNES & MODERNES

Principalement de l'Ecole Française du XVIIIe Siècle

ŒUVRES DE PH. L. DEBUCOURT

DE

CH. MERYON & DE H. DAUMIER

RECUEILS — COSTUMES — SCÈNES DE MŒURS

BALLONS

PIÈCES HISTORIQUES

DESSINS

Composant la Collection de feu M. LOUIS GARNIER

---

*Dont la Vente, par suite de son décès, aura lieu*

à Paris,

HOTEL DROUOT, Salle N° 7

Du Lundi 25 au Samedi 30 Mars 1912

*à 2 heures précises*



---

Me ANDRÉ DESVOUGES
COMMISSAIRE-PRISEUR
Successeur de Mr MAURICE DELESTRE
26, *Rue de la Grange-Batelière*

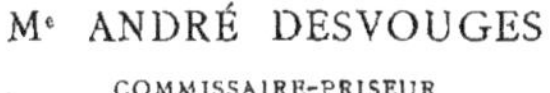

M. LOYS DELTEIL
GRAVEUR ET EXPERT
2, *Rue des Beaux-Arts*, 2

---

EXPOSITION PUBLIQUE

*Le Dimanche 24 Mars 1912 de 2 heures à 6 heures.*

## CONDITIONS DE LA VENTE

Elle sera faite au comptant.

Les adjudicataires paieront *dix pour cent* en sus des enchères.

M. Loys Delteil remplira les commissions que voudront bien lui confier les amateurs ne pouvant y assister.

MM. les amateurs pourront visiter la collection, 2, *rue des Beaux-Arts*, du Lundi 18 au Vendredi 22 Mars 1912, de 2 heures à 5 heures.

Exposition publique, Hôtel Drouot, Salle n° 7
*Le Dimanche 24 Mars 1912, de 2 heures à 6 heures.*

## ORDRE DES VACATIONS

| | | | | |
|---|---|---|---|---|
| Lundi | 25 | Mars . . . . . . . . . | N<sup>os</sup> | 1 à 210 |
| Mardi | 26 | — . . . . . . . . . | N<sup>os</sup> | 211 à 426 |
| Mercredi | 27 | — . . . . . . . . . | N<sup>os</sup> | 427 à 660 |
| Jeudi | 28 | — . . . . . . . . . | N<sup>os</sup> | 661 à 895 |
| Vendredi | 29 | — . . . . . . . . . | N<sup>os</sup> | 896 à 1140 |
| Samedi | 30 | — . . . . . . . . . | N<sup>os</sup> | 1141 à la fin. |

# DÉSIGNATION

## XVIe & XVIIe SIÈCLES

### BOSSE (Abraham)

1. Histoire de l'Enfant-Prodigue (G. D. 34-39). Suite complète de 6 pl. Très belles épreuves.

2. Les Vierges Sages et les Vierges Folles (43-49). Suite complète de 7 pl. Très belles épreuves.

3. Les Œuvres de Miséricorde (50-56). Suite complète de 7 pl. Très belles épreuves du 1er état.

4. Portraits : Larcher (554) — Callot (J.) — Francini (298) — Louis XIII (1240-1241) — Owel (1243) — Du Fresne (R.) (1247). Treize pièces, y compris plusieurs doubles.

5. Eventails : Jugement de Pâris — Naissance d'Adonis (1044-1045). Deux pièces. Très belles épreuves. Rares.

6. Eventail : Les quâtre Ages de l'Homme (1046). Superbe épreuve. Très rare.

7. Ecrans : Les Ages (1047) — Pallas (1052) — Les Saisons (1055). Trois pièces. Très belles épreuves.

8. Les cinq Sens (1071-1075). Suite de 5 pl. Très belles épreuves.

9. Les quatre Ages de l'Homme (1078-1081). Suite de 4 pl. Belles épreuves.

10. Les Saisons (1082-1085). Suite de 4 pl. Belles épreuves.

11. Les Eléments (1090-1095) — L'Enfant Prodigue, 1 pl. — La Parabole du Mauvais Riche (40 à 42) — Farce jouée à l'Hôtel de Bourgogne (1268) etc., 12 planches. Belles épreuves.

12. Le Prévot des Marchands vient complimenter le roi Louis XIII (1187) — Estampes relatives à la naissance du Dauphin (1203-1206) — Séance tenue à Fontainebleau (1208-1209). 4 planches (3 sans marges, épidermures).

13. *Les Noms, surnoms, qualitez... des Chevaliers de l'Ordre du Sainct Esprit*, 1633 (1207-1210). Suite de 4 pl. Belles épreuves.

14. Siège de La Motte (1220) — Gaston d'Orléans entrant à La Capelle (1221). Deux pièces. Belles épreuves.

15. Cérémonies observées au Contrat de Mariage de Vladislas IV, 1645 (1223). Très belle épreuve.

15 *bis*. La Galerie du Palais (1267). Très belle épreuve.

16. Les Vœux du Roy et de la Reyne (1225) — La Joye de la France (1226) — La Fortune de la France (1227) — Les Forces de la France (1228). Quatre pièces. Belles épreuves.

17. L'Infirmerie de l'Hospital de la Charité (1266) — Bénédiction de la Table (1398) — Les Femmes à table (1399) — Le Français et son laquais (1406) — Connoissant son humeur (1407). 7 pl. (y compris 2 doubles). Belles épreuves.

18. La Noblesse Française à l'Eglise (1319-1331). Suite complète de 13 pl. (y compris le titre). Bonnes épreuves (la plupart manquent de conservation).

19. Les Gardes Françaises (1332-1340). Suite complète de 9 pl. Très belles épreuves.

20. Les Cris de Paris (1341-1352). Suite complète de 12 pl. Belles épreuves.

21. Un Laquais (1354) — Les Fumeurs (1401) — Lettre amoureuse du Capitaine et la réponse (1402-1403). Quatre pièces. Belles épreuves.

22. Le Mariage à la Ville (1374-1379). Suite de 6 pl. — Le Mariage à la Campagne (1380-1382), 3 pl. soit 9 pièces. Belles épreuves.

23. Le Mari qui bat sa Femme — La Femme qui bat son Mari (1383-1384). Deux pièces. Belles épreuves.

24. Le Peintre, le Sculpteur, le Graveur et l'Imprimeur (1385-1388). Suite de 4 pl. Très belles épreuves (la 1re remmargée).

25. Le Maître et la Maîtresse d'Ecole (1389-1390). Deux pièces se faisant pendants. Très belles épreuves.

26. Les Métiers (1391-1397). Suite de 7 planches. Belles épreuves.

27. Le Bal (1400). Deux bonnes épreuves.

28. Sujets religieux, costumes, frontispices, vignettes, etc., environ 70 pl. par et d'après Abr. Bosse.

## BURGKMAIR (Hans)

29. Le Triomphe de l'Empereur Maximilien Ier. Suite de 135 pl. gravées en bois d'après les dessins de Hans Burgkmair, accompagnées de l'ancienne description dictée par l'empereur à son secrétaire. Vienne, *Schmidt*, et Londres, *J. Edwards*, 1796, in-fol. maxima oblong, demi veau noir.

## CALLOT (Jacques)

30. La Tentation de St Antoine (M. 139). Belle épreuve, *avant* le trait échappé (pli).

31. Les grandes Misères de la Guerre (564-581). Suite complète de 18 pl. Très belles épreuves du 2e état, *avant* le nom de Callot.

32. L'Eventail (617). Belle épreuve (petite épidermure).

33. Parterre ou Jardin de Nancy (622). Belle épreuve du 1er état.

34. Balli ou Cucurucu (641-664). Suite complète de 24 pl. Très belles épreuves du 1er état — Fantaisies (868-881), suite complète de 14 pl. Ensemble 38 pièces.

35. Le Brelan ou l'Enfant prodigue (666). Très belle épreuve.

36. Les Bohémiens (667-670). Suite de 4 pl. Belles épreuves du 2e état, *avant* toute adresse.

37. La Noblesse (673-684). Suite complète de 12 pl. Très belles épreuves du 1er état, tirées à 2 sur la même feuille.

38. La petite Vue de Paris (712). Deux belles épreuves des 1er et 4e états.

39. Les Caprices (768-867). Suite complète de 50 pl. (y compris le titre), en 1 vol. in-12 obl., vélin blanc. Belles épreuves, *avant* les numéros.

40. Partie de l'Œuvre de Jacques Callot : Réunion d'environ 410 pièces, dont un petit nombre en *épreuves d'états* : La Sainte Famille à table (65) — Le Martyre de St Sébastieu (137) — Cl. Deruet (505) — La Barrière ou la Rue Neuve de Nancy (621) — La Grande Foire de Florence (624 et 625) — Les Trois Pantalons (627-629) — Les Supplices (663) — Vue du Louvre (713) — Anne d'Autriche, régente, avec Louis XIV et Philippe de France, etc. On y a joint un dessin attribué à Callot.

## COSTUMES

41. Personnages royaux, Cour de Louis XIV, Costumes de ville et d'intérieur, Costumes de théâtre, Figures allégoriques, Personnages Français et Etrangers. Importante réunion de 908 planches par H. N. et R. BONNART, A. Trouvain, I. Mariette, Jollain, Berey, N. Guérard, de St Jean, N. Arnoult, renfermées en six volumes in-fol., maroquin plein rouge, petits fers.
N.-B. 92 pl. sont coloriées et la plupart sont en très belles épreuves (quelques-unes sans marges).

42. La Mode Triomphante en la Place du Change. Belle épreuve. Rare.

42 *bis*. *Divers Costumes Français du Règne de Louis XIV*, par S. Le Clerc, titre, dédicace et 61 épreuves en divers états. Belles épreuves.

## DU JARDIN (Karel)

43. Animaux et Paysages, 52 pl. en feuilles (B. 1-52), tirage de la fin du XVIIIe siècle.

## ÉCOLES ANCIENNES

44. Les Heures du Jour, par H. Goltzius, 4 pl. — Les Métiers, d'apr. Stradan, 6 pl. — Marines, par Zeeman, etc. Ensemble 25 planches. Belles épreuves.

## ÉCOLE FRANÇAISE (XVIIe siècle)

45. Le Massacre de Lustucru par les Femmes (chez P. Bertrand) — Mgr le Dauphin, né le 1er Nov. 1661 (chez Humbelot) — Ma Phelis est si bien Depincte — Femme de qualité en Deshabillé, par de St Jean, etc. 8 planches.

## EDELINCK (G.)

46. La Sainte Famille, d'après Raphaël (R. D. 4). Belle épreuve du 2e état, *avant* l'écusson.

## FLAMEN (Albert)

47. Tombeaux (R. D. 359-364) — Veue de diverses paisage au naturel d'alentour de Paris (492-503), 12 pl. — Paisages dessignés après le naturel aux environs de Paris (504-515),

12 pl. — 4 vues, d'après Israël Silvestre (516-519) — 4 planches sans titre (520-523) — Veues et Païsages du Chasteau de Longuetoise (524-535), 12 pl., etc. Ensemble 65 planches, quelques-unes en *épreuves d'état*. Intéressante réunion donnant des vues de Gentilly, Arcueil, Essonnes, Corbeil, Charenton, Ivry, Nancy, Lyon, etc.

## GOLTZIUS (H.)

48. Henri IV (173). Belle épreuve du 1er état de Bartsch (remmargée).

## HALBEECK (J. van)

49. Sacre de Louis XIII. Deux belles épreuves *d'états différents*.

## HOOGHE (R. de) — BRISSART (P.)

49 *bis*. Cérémonies du Baptesme de Monseigneur le Dauphin, fait à St Germain en Laye, 24 Mars 1668, designé sur les lieux et gravé par R. de Hooghe — Vue et Perspective des 2 Chasteaux royaux de St Germain en Laye, ou est représenté la cérémonie faite au baptême de Mgr le Dauphin, par Brissart. 2 pl. Belles épreuves.

## JOLLAIN

49 *ter*. La Pompe Magnifique de l'onction sacrée de Louis XIV, Rheims, 7 Juin 1654, par Jollain. Belle épreuve (a été pliée). Rare.

## LE CLERC (Jean)

50. *Figure représentant le supplice... contre le... parricide de Rauaillac, le 27 May 1610*. Belle et rare épreuve *avec* la légende.

51. Réduction Miraculeuse de Paris, sous l'obéïssance du Roi Henri III.... par la Porte Neusve, 22 Mars 1594 — Comme le Roy alla à l'Eglise de Nostre-Dame — Comme sa Majesté veid sortir de Paris les garnisons étrangères. Suite complète de 3 planches d'après N. Bollery, avec le texte (découpé), formant encadrement.

## LE CLERC (Sébastien)

52. Œuvre de Sébastien Le Clerc : Portraits, Paysages, Scènes historiques, Ornements, Histoire naturelle, Costumes, Ex-

libris, etc., etc. Importante réunion, comprenant environ 2.700 pièces, dont un certain nombre en *épreuves d'état*. On y a joint plusieurs dessins.

## LE PAUTRE (Jean)

53. Miracle arrivé l'an 1418, rue aux Ours. Belle épreuve.

## LEU (Th. de) — MATHONIÈRE (N. de)

54. Sacre de Louis XIII, à Reims, par Th. de Leu, d'après F. Quesnel — Louis XIII et la famille royale en adoration devant le Cœur de Jésus. Deux pièces. Belles épreuves (une sans marges).

## MAILLET

55. *Les Figures du Temple et du Palais de Salomon*, Paris, *Desprez*, 1695. In-fol., 15 pl. (numérotées 1 à 9 et 1 à 6), vélin (rel. anc.).

## MARIETTE (P. et J.)

56. Costumes, 60 pièces (plusieurs sans marges).

## PARIS (Estampes relatives à)
## (XVIe — XVIIe — XVIIIe et XIXe SIÈCLES)

57. *Le Dessein du Magnifique Bastiment de l'Hostel de Ville de Paris, augmenté du règne de Henri le Grand, 4 du nom...*, par Claude Chastillon, 1613 (Matheus Merian sculp.), avec texte. Encadré.

58. Auguste Procession de la Châsse de Ste Geneviève, May 1694 — Magnifique Procession de la Châsse de Ste Geneviève, 11 Juin 1652 (et copie) — Devote Procession de la Châsse de St Germain, 16 Juin 1652, par N. Cochin — Le Parnasse Ridicule de la Place Maubert — La Place Maubert, par Aliamet, d'apr. Jeaurat, épr. d'eau forte — Ensemble 6 pièces (la dernière restaurée).

59. Plans de Paris, des xvie, xviie et xviiie siècles, 30 pl. par Manuel Deutsch, Hogenberg, N. Berey, B. Jenichen, Coquart, etc. Belles épreuves.

60. Marche du Roy, accompagné de ses gardes, passant sur le Pont-Neuf, par Huchtenburg, d'apr. Van der Meulen (en 3

feuilles) — Statue équestre de Henri IV — Statue de Henri IV et l'Isle du Palais (chez Van der Bruggen), etc. Ensemble 10 planches (3 *avant la lettre*).

61. L'Embarras de Paris (chez Guérard) — Vues du Pont-Neuf, par Matheus, Drevet, Perelle, Duperons d'apr. J. Chaufourier, Berthault — Incendie du Corps de Garde sur le Pont Neuf, par Girardet et Niquet. Ensemble 11 planches.

62. La Veue du Pont Neuf comme il se présente du Pont des Tuileries — Vue du Pont Neuf prise de la Colonnade du Louvre — Rétablissement d'Henri IV sur le Pont Neuf, par Baujean, d'apr. Bélanger — La Place Dauphine par Pérelle, etc. Ensemble 14 planches.

63. Vues de la Ville de Paris, 2 pl. par N. Bocquet (Nolin excud.) — Aspect occidental du Pont Neuf (chez Jalliot) — Vue de l'Hostel de Ville — Aspect du Pont St-Michel — Aspect Oriental de la Cité. 3 pl. (N. Berey excud.) — Profil de la Ville de Paris, par I. Silvestre — Vue de Paris, en 2 pl. (chez Mariette) — Vue de Paris, en 2 pl. (chez Merian). Eusemble 11 pl. Belles épreuves.

64. Environs de Paris. 6 vues par Zeeman et P. Aubry — Plans et coupes de divers monuments — Incendie de la Foire St Germain, etc., etc., Ensemble environ 40 planches.

65. Perspective de la Ville de Paris, veue du Pont des Tuileries, par J. Silvestre, 1650 — Vue de la Nouvelle Eglise Ste Geneviève, par Charpentier d'apr. Soufflot — Plan de la Foire St Germain (chez Jollain) — Projet d'un Pont triomphal à la Gloire de la République, par Germain, d'apr. Daubanton, etc. Ensemble 14 planches.

66. La Baisse (Jardin du Palais Royal) — J'ai Dîné — Une Matinée du Palais-Royal — Un Magasin de bonbons au Palais-Royal Mlle Victoire offrant sa rose d'amour — Galleries du Palais-Royal. Six pièces. Belles épreuves (5 *coloriées*).

67. Le Cabaret de Ramponneaux, 2 pl. dont une sur bois, par Papillon — Baccanal et Divertissements des Environs de Paris — Bal de Vincennes (chez Mondhare) — La Seine, vue du Pont N. Dame, par Joly, 1788 ; épr. d'état, etc. Ensemble 10 pl. Belles épreuves (4 *coloriées*).

68. Phenomène de la Basse Courtille — Invitation du Sr Ramponneau — Au Tambour royal (Ramponneau). Quatre pièces. Belles épreuves.

69. Feste Publique, illumination et feu d'artifice au sujet de l'Alliance du Roy avec l'Infante d'Espagne, 24 Mars 1722, par Berain — Plan et Vue d'artifice, 21 Janvier 1730 — Mariage de Madame I<sup>re</sup> de France et de Dom Philippe II<sup>e</sup> Infant d'Espagne — Batiment construit pour la réception du Roi et de la Reine, le 21 Janvier 1782, pour la Naissance de Mgr le Dauphin, par Voyzard, d'après Desrais, etc. Ensemble 14 planches (1 *coloriée*).

70. Fontaine des Innocents (Vue Perspective de la), gravé par Carrée en 1790 — La Fontaine des Innocents (avant l.) 2 planches. Belles épreuves, la première impr. en couleurs, l'autre coloriée.

71. Le Palais-Royal sous Louis XVI, pl. sans aucune lettre en forme d'écran. Superbe épreuve. Très rare.

72. Elévation Geométrale d'un côté du cirque construit en 1787, par Le Campion, d'apr. Sergent — Vue du Palais Royal, prise du côté du Méridien, par Sergent d'apr. Maréchal — Vue de l'Intérieur du Nouveau Cirque du Palais Royal, par Le Vachez, etc. Ensemble 6 planches (1 *impr. en couleurs*).

73. Le Palais-Royal, 28 pl. par Varin, Aveline, Ransonnette, Daniell, etc., la plupart en très belles épreuves.

74. Vue Perspective de la Place Louis XV, sur les dessins du Sr Poyet — Vue de la Place Neuve de Louis XV, le Bien Aimé, par Taraval, d'apr. Moreau — La Statue Equestre de Louis le Bien Aimé, par Le Charpentier, d'après de Sève — Vue Perspective de la Place et du Pont de la Concorde, par Berthault, d'apr. Desprez — Inauguration de la Statue de Louis XV, gravé par Hemery (2 épr., eau-forte et avant l.) etc., etc. Ensemble 18 planches.

75. Rue Quinquempoix : Hôtel de Soissons établie pour le Commerce du Papier, 1720 (avant la lettre) — Almanach de la Fortune ou Agenda de la Rue Quimquempoix, par Benard — Rue Quinquempoix en l'année 1720 (2 épr.) — Véritable portrait de Messire Quinquenpoix, etc. Ensemble 10 planches.

76. La Tour du Temple (1789). In-fol. par Guyot ? Très belle épreuve, *tirée en bistre*.

77. Vue du Vauxhal de la Foire St Germain, d'apr. Le Noir, pl. publiée par Le Rouge, 1772. Très belle épreuve. Rare.

78. Vue Intérieure de Paris (Port St-Paul) — Du milieu du Pont-Royal regardant le Pont-Neuf — Représentant le Port au Blé. 3 pièces formant série, par Berthault, d'après le Ch[er] de l'Espinasse (2 épreuves réparées en marge).

79. Vue Perspective du Palais de la Chambre des Députés... par Thierry neveu — Vue de l'Ancienne Porte de la Conférence, par Mixelle, d'apr. Huet — Elévation du théâtre de Monsieur, Rue Feydeau, par Prieur. — Vue de la Cloche du Palais, par le Campion, d'apr. Sergent — Palais Impérial de la Bourse, par Sellier — Vue du Pont Louis XVI, par le Campion d'apr. Sergent. Ensemble 6 planches (3 coloriées et *3 imprimées en couleurs*).

80. Vues de Paris. Six pl. par D. Havell et Sutherland, d'apr. Gendall et Pugin, formant série. Très belles épreuves, *tirées en 2 tons* et coloriées.

81. Vue Méridionale de l'Abbaye de St Germain des Prez — Vues du Louvre, par Marot — Vue de la Cour du Louvre, par Baltard — Vue de la Place des Victoires (chez Nolin), etc. Ensemble 14 pièces.

82. Vue de la Place d'Henri IV, prise sur l'Eau — Vue du Palais de Justice. 2 pl. par Le Campion, d'apr. Sergent et Testard — Vue de l'Hotel de Ville, par Roger, d'apr. Pernet — Caffé du Jardin des Tuileries, 4 planches. Belles épreuves (3 *imprimées en couleurs*, 1 coloriée).

83. Vue du Grand Chatelet — Vue du Petit Chatelet, 2 pl. par Le Campion, d'apr. Sergent — Le Temple, 3 vues (dont 1 double en noir) — Nouvel Opera Provisoire — Vue de la Promenade du Boulvard (sic) du côté de la Porte du Temple — Illumination de la Rue de la Ferronnerie, 8 Sept. 1745 — La Porte St Anthoine. 9 planches (3 *impr. en couleurs*).

84. *Lutetia Urbs Parisiorum*, par L. Gaultier — La Porte St-Bernard, par L. Boudan — Vues des Tuileries, pl. 1 à 8, par Troll — La Guinguette, par Merigot — Vue du Théâtre Français, par N. Ransonnette — Portiques de l'Exposition, par Bonvalet, d'apr. Bance. Ensemble 13 planches.

85. La Place Louis XVI et la Salle d'Opéra, par Berthault — Façade de la Magdeleine — Colonne Vendôme, par Duplessi-Bertaux (avant la lettre) — Vue Perspective de l'Arc de Triomphe du Carrousel et d'une partie du Palais des Tuileries, par Thierry neveu (colorié), etc. Ensemble 15 planches.

86. Veue du côté de l'Isle N. Dame, par J. Chaufourier — Portail de Notre Dame, par Ant. Aveline — Hotel des Monnoies, par Cl. Poulleau — Coupe du Vauxhall. Cinq petites vues par Martinet, etc. Ensemble 19 planches.

87. Vues Diverses, rues ou monuments, par Marot, Lallemand, Berthault, etc. — Plans et coupes d'édifices, etc. Ensemble 40 pièces anciennes.

88. *A Selection of Twenty... views in Paris drawn and etched, 1802, by the late Th. Girtin, and aquatinted* (by F. C. Lewis, Harraden), London, 1803, *J. Girtin*. Suite complète d'un titre et 20 pl. en 1 album grand in-fol. obl., demi-rel. à coins.

89. Les Galeries de bois, au Palais-Royal, lithographie d'apr. Fontaine. Très belle épreuve, *coloriée*. Rare.

90. Jardin du Delta, Faubourg Poissonnière (vers 1820). Lithographie très rare.

91. Panorama de Paris et de ses environs, pris de la Butte Montmartre, par Martens (chez Rittner et Goupil, 1833), estampe en 4 feuilles, *tirée en 2 tons*.

92. Théâtre de la Jeunesse, vue extérieure et une vue intérieure (4 loges). Ensemble 2 planches, épreuves *avant la lettre*.

93. Ville de Paris, prise du Pont-Neuf — Le Dimanche au Salon, 1819 — La Colonnade — Exposition des produits de l'Industrie, au Louvre, 1819, etc., 15 pl. anc. et mod. Belles épreuves.

94. Vues de Paris, dessinées par Garbizza et Courvoisier, planches 1 à 15, gravées par Monsaldy, Garbizza, Coqueret et Morret, la plupart en très belles épreuves *coloriées* (sauf 4).

95. Vue derrière l'hotel-Dieu, par Mlle Niel — La Tour de l'Horloge, par L. Gautier — Le Petit Chatelet — 6 photographies des Ruines de la Commune — Physionomie du vieux Boulevart du Temple, 1825 à 1840, par Hoster Levilly — Marché St Martin — Porte St Denis — Vues, par Guéroult, etc., etc. Ensemble 50 pièces.

96. Vues de Paris, 18 pl. (chez A. Tessier) — Vues de Paris, par Hill, d'apr. Nattes, 8 pl. — Paris en Miniature, par Arnout, etc., etc. Ensemble 60 planches.

97. Bastille et Place de la Bastille, vues par Cochin, Thierry, Reville, Borgnet, d'apr. Gudin ; Sellier, d'après Gatteaux, etc. — Plans par Mathieu, Chapuy, Maillet, Corbet, Cathala, etc. Ensemble 18 pièces (3 coloriées).

98. Pont N. Dame, 14 pl. par J. Marot, Aveline, J. Silvestre, Villeneuve, etc. — L'Hôtel de Ville, 10 pl. par Legrand, d'apr. Raguenet, Aveline, Gauthier, d'après Le Cœur, Parott, etc. Ensemble 24 pl.

99. Fontaines : Vues d'ensemble ou de détails, plans, coupes des fontaines du Château d'Eau (Bd Bondy), du Palais des Beaux-Arts, de la Place de la Concorde, de la Place du Châtelet, de la Rue de Grenelle, de la Place St Sulpice, etc., etc. Ensemble environ 86 pièces (quelques-unes coloriées).

100. Fontaines : Vues d'ensemble, détails, plans, coupes des fontaines de la Place S$^{t}$-Michel, Place Louvois, Place de l'Ecole de Médecine, du Marché S$^{t}$ Martin, de la rue du Ponceau, des Innocents, du Château d'Eau, Gaillon, de la Place des Invalides, etc., etc. Ensemble environ 80 pièces (quelques-unes coloriées).

101. Notre-Dame, le Pont-au-Change, Vue des Grands-Augustins, Place Dauphine, Jardin des Plantes, Val-de-Grâce, l'Observatoire, S$^{te}$-Geneviève, etc., etc. Ensemble environ 80 pl.

102. Vue de Paris, prise du Bas de Passy, par Couché fils — Vues Panoramiques, par Cadolle — Vue de Paris, d'où l'on remarque le Pont-au-Change (chez Lecœur, Genty et Bance) — Restes Gothiques de l'Hôtel-Dieu, par M$^{lle}$ Niel — Projets pour le couronnement de l'Arc-de-l'Etoile, etc. Ensemble 11 pl.

103. Place de La Concorde — Eglise des Capucins de la Chaussée-d'Antin — Vue de l'Allée des Orangers et de la Terrasse des Feuillans — Les Tuileries, etc., etc. Ensemble 85 pièces.

103 *bis*. Plan de Paris (1649), par Jacques Gomboust, gravé en fac-simile, par Lebel et publié par la *Société des Bibliophiles français*. Paris, 1858, texte, 1 pl. de vignette, 1 feuille d'assemblage et 9 pl. En 1 vol. in-fol. cartonn. d'édition.

## PIÈCES HISTORIQUES (Henri III - Henri IV)

104. La Marmitte renversée des Huguenots... avec la complainte des ministres et prédicans du Royaume de France — Assassinat du Duc de Guise. 3 pl. — La Mort de Henry de Vallois. 5 gravures sur bois, éditées chez Nicolas le Roy et François Gence. Belles épreuves (ont été pliées).

105. Henri III, 7 portraits, par L. Gaultier, Zenoni, Thomas de Leu, Wierix, etc. — Henri IV, 6 portraits, par L. Gaultier, J. le Clerc, Thomas de Leu. Ensemble 13 pl. Belles épreuves.

106. Procession de la fameuse ligue contre Henri IV, en 1593, 2 épreuves (une coloriée) — Amburbica armati sacricolarum agminis pompa, lutetiæ 1593, etc. (en 2 feuilles) — Henri IV touchant les écrouelles (P. Firens exc.), etc. Ensemble 6 pl.

107. L'Aliance du Roy de France avec Marie de Médicis. — P. de la Houve excud. (et copie). 2 pl. Belles épreuves.

108. Henri IV, par Janinet, d'après Rubens — Réduction de Paris, par Roger, d'après Sergent — Henri IV à l'assemblée des Notables, à Rouen, par Janinet. d'après Berteaux — Clémence

d'Henri IV, par Guyot, d'apr. Delarive. 4 pièces. Belles épreuves, *imp. en couleurs.*

109. Onze pièces, par G. L., C. van Sichem, Bouttats, etc., relatives à Ravaillac : portraits, scène du meurtre de Henri IV, scène de son exécution.

## SILVESTRE (Israël)

110. Leçons données aux pages du Roy, pour apprendre à dessigner la fortification, le paysage, etc. Paris, chez N. Langlois, titre et 78 pl. en 1 vol. in-4° oblong, maroq. rouge, dos et plats ornés, tr. dor. rel. anc.

111. Partie de l'Œuvre d'Israel Silvestre : Vues de Paris, Avignon, Toul, Chably, Turin, Rome, Florence, etc. — Châteaux et Parcs (Vaux, Chambord, etc.), planches d'architecture. Réunion de 185 pl., la plupart de format in-fol.

## TORTOREL et PERRISSIN

112. *Histoires diverses qui sont memorables touchant les Guerres. Massacres et Troubles advenus en France en ces dernières années.* (R. Dumesnil 1-40). Titre et suite complète de 39 pièces, plus une pl. 3 double différente, soit 41 pièces. Très belles épreuves.

## TROUVAIN (Ant.)

113. Troisième Appartement (des appartements du Roi). Epreuve sans marge, remonté. Encadrée.

## ZEEMAN (Renier Nooms, dit)

114. Vues de Paris et de ses Environs (B. 55-61). Suite complète de 8 pl. Belles épreuves.

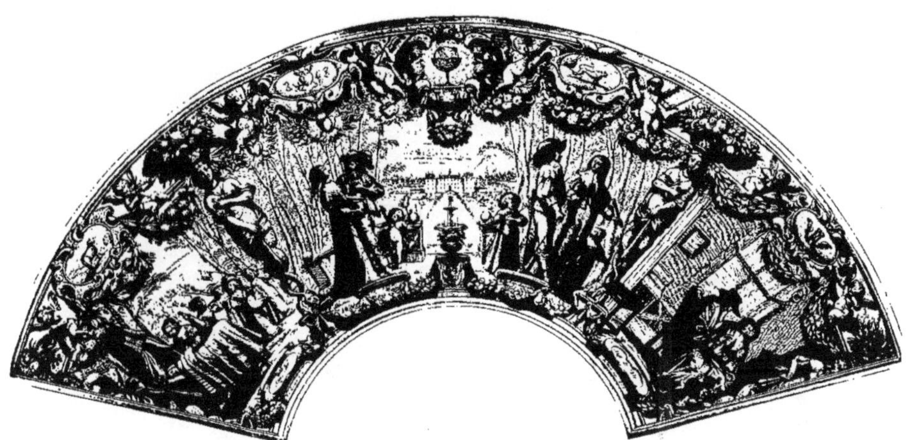

N° 6 du Catalogue.

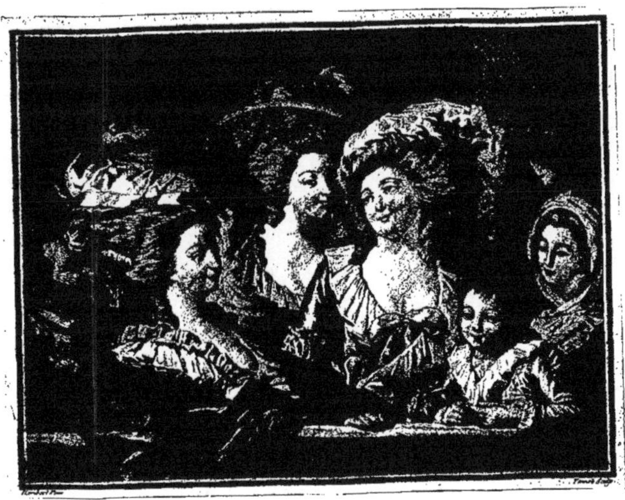

N° 197 du Catalogue.

N° 278 du Catalogue.

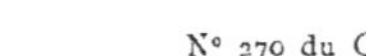

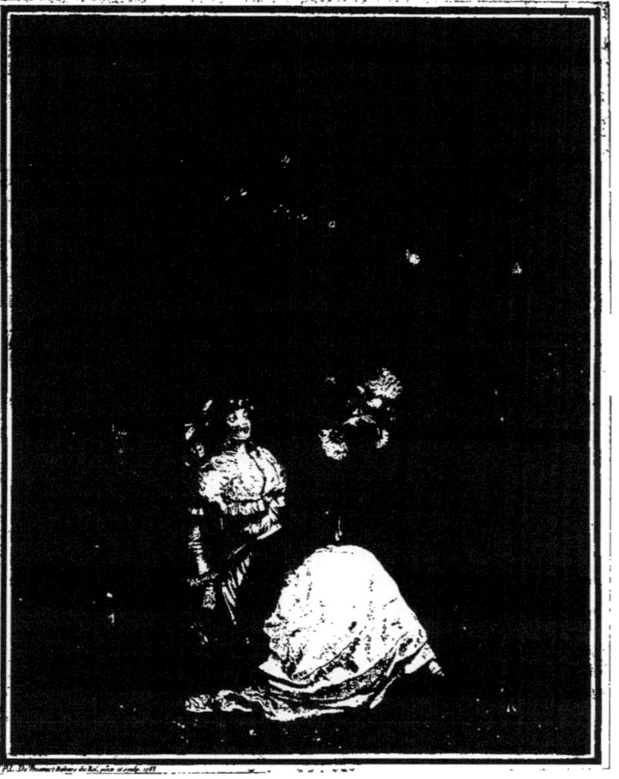

N° 270 du Catalogue.

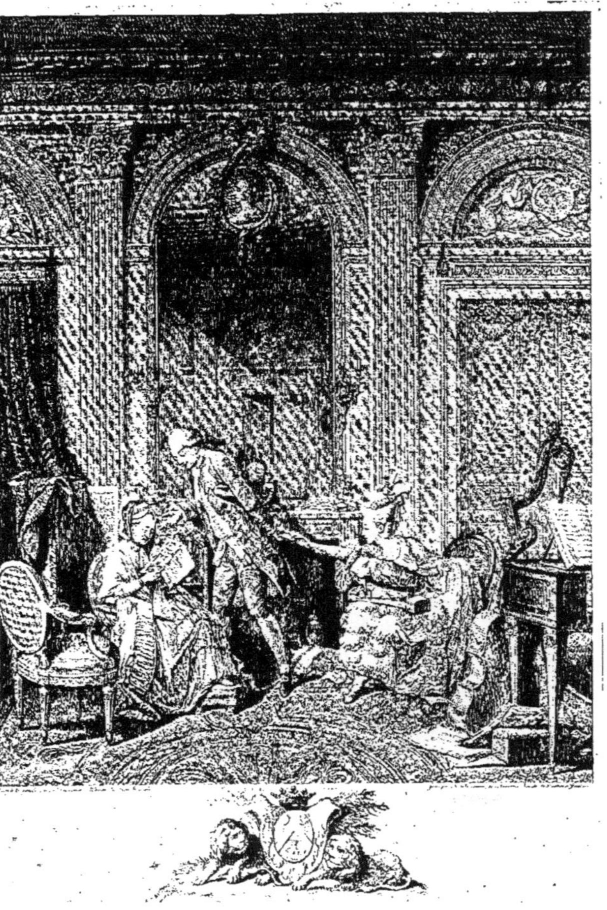

N° 513 du Catalogue.

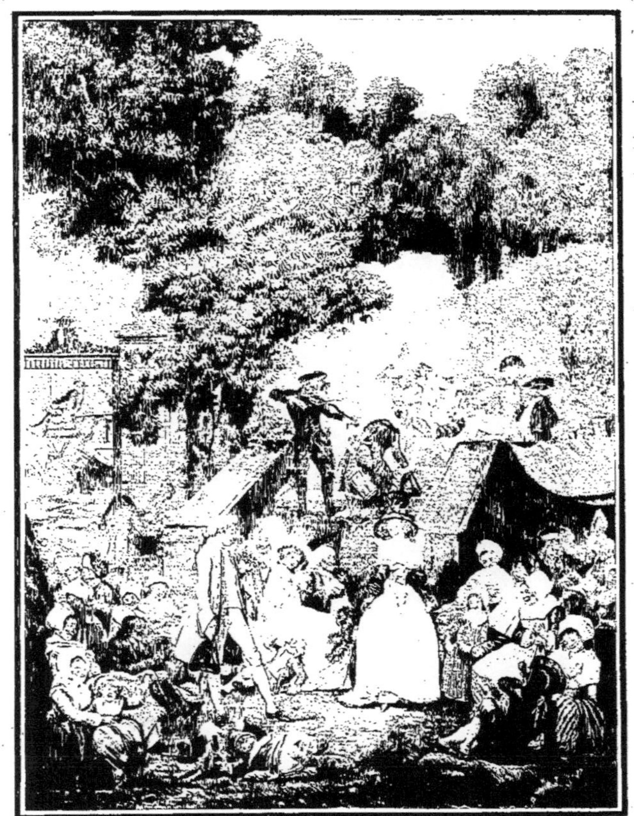

N° 264 du Catalogue.

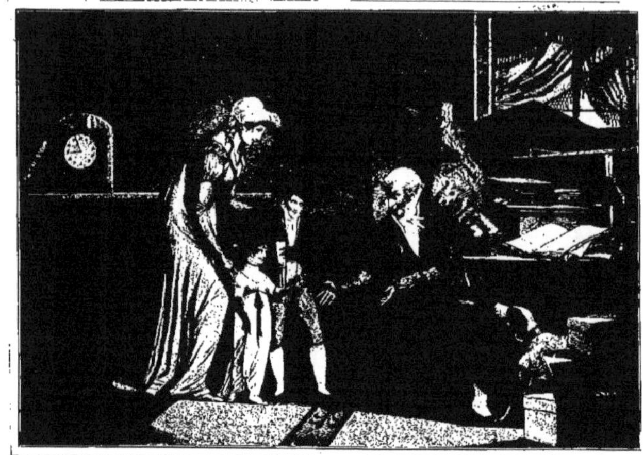

N° 334 du Catalogue.

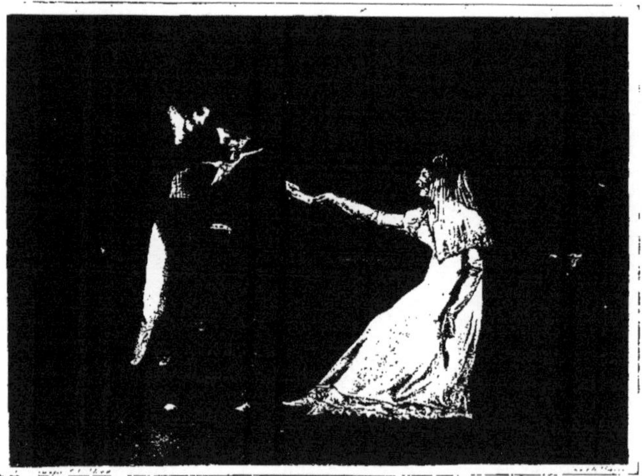

N° 419 du Catalogue.

# XVIII$^{e}$ SIÈCLE

## ALIX (P. M.)

115. Corday (Marie-Anne-Charlotte). Belle épreuve, *imprimée en couleurs.*

116. C. F. Dumouriez. Très belle épreuve, *coloriée*, de la collection Soulavie.

117. Jean-Paul Marat, d'apr. Garnerey. Très belle épreuve, *imp. en couleurs.*

118. Napoléon Bonaparte, 1$^{er}$ Consul, d'apr. Appiani. Belle épreuve, *imp. en couleurs.*

119. Louis XVIII. Très belle épreuve *avant la lettre, imp. en couleurs.*

## ALLAIS (Angélique Briceau, M$^{me}$)

120. J. P. Marat, l'ami du Peuple. Très belle épreuve *imp. en couleurs.*

## ALMANACHS

121. Almanach de la Fortune ou Agenda de la rue Quincampoix, par Benard, 1720. Très belle épreuve.

122. Almanachs des Corps de Métiers, 1765, 19 pl. publiées chez Quillau. Belles épreuves (une *coloriée*).

123. Douze Sujets pour un Almanach relatif à la Naissance du Dauphin (Louis XVII), 27 mars 1785. Superbe exemplaire *avant* que les sujets n'aient été séparés Très rare.

124. Allégories avec légendes relatives à la Naissance du Dauphin (Louis XVII), 27 mars 1785, 4 sujets sur le même cuivre. Très belle et rare épreuve *avant* la planche coupée.

## BALLONS (Estampes relatives aux)

125. Premiers globes aérostatiques enlevés à Paris et à Versailles, par Montgolfier, Charles et Robert et Pilatre de Rosier. Huit petites pièces formant série. Belles épreuves, *coloriées*, de la collection Soulavie.

126. A l'Honneur de Mrs Charles et Robert (chez Le Noir). Très belle épreuve de la collection Soulavie.

127. Aux Amateurs de Physique (à Paris chez Friese). Très belle épreuve. On y a joint une carte d'entrée aux Expériences du Globe aérostatique de MM. Charles et Robert, 1783, soit deux pièces.

128. Expérience faite à Versailles, en présence de Leurs Majestés et de la famille Royale, par M. Montgolfier, le 19 sept. 1783, par N. de Launay, d'apr. le Chev[er] de Lorimier, in-8° — La même scène, 2 grav. anonymes éditées, l'une à Paris, chez Le Noir (petit in-fol. en large) ; l'autre chez Esnauts et Rapilly Ensemble 3 planches (une *coloriée*).

129. Globe Aérostatique de Mrs Charles et Robert, par L. Boutelou, d'après Duperreux fils. Deux belles épreuves *d'état différent*. relatives à la 1re et à la 2e expérience.

130. *Le Moment d'hilarité universelle ou le Triomphe de MM[rs] Charles et Robert*, part H. G. Bertaux, d'apr. Eberts. Superbe épreuve.

131. Sphère aérostatique ou Globe volant (27 août 1783). Belle épreuve, *coloriée*. Collection Soulavie (sans marge des 3 côtés).

132. Seconds voyageurs aériens ou Expériences de MM[rs] Charles et Robert, 1er déc., 1783, par Prevost. Très belle épreuve.

133. *Allarme générale des habitants de Gonesse, occasionné par la chûte du Ballon Aérostatique de Mr de Montgolfier* (chez Lenoir). Très belle épreuve.

134. Descente de la Machine Aérostatique dans la plaine... (ascension de M[rs] le Marquis d'Arlandes et Pilatre de Roziers, 21 nov. 1783) — Expérience du Vaisseau Volant de M. Blanchard, le 2 mars 1784 (chez Basset) — Poisson aérostatique enlevé à Plazentia... le 10 mars 1784 (chez J. Chereau) — Expérience de l'Aérostat nommé la Montgolfière, faite par M. Pilatre du Rozier, à Versailles, 23 juin 1784 (chez J. Chereau). Ensemble 4 pl. Belles épreuves, *coloriées*.

135. Premier voyage aérien... par M. le Marquis d'Arlandes et Pilatre du Rozier, 21 nov. 1783, 2 pl. — 2e Expérience de la Machine aérostatique, par le Dr Jonathan, 10 janvier 1784 — Poste aérienne 1784 — Ascension de MM. Charles et Robert, 1er déc. 1783. 5 pl. Belles épreuves, 2 de la collection Soulavie (2 *coloriées*).

136. Globe Aérostatique, dédié à Monsieur Charles... (ascension de Charles et Robert, 1er déc. 1783, par Denis, d'apr. Desrais (chez Basset). Belle épreuve, *coloriée.*

137. Ascension de Mrs Charles et Robert, le 1er déc. 1783 ; 5 pl. l'une par De Launay, d'apr. le Chevr de Lorimier (3 coloriées).

138. Descente de la Machine Aérostatique des Sr Charles et Robert, 1er déc. 1783 (chez Basset) — Globe Aérostatique dédié à Monsieur Charles..., par Denis, d'apr. Desrais. Deux pl. *coloriées.*

139. Entrée du Char de Mrs Charles et Robert, 2 décembre 1783 — On avertit le public que le bureau des Diligences Aériennes... — Divers projets sur la descente en Angleterre — Bataille de Fleurus — The Perilous situation of Mayor Money, etc. Ensemble 14 pl. *(7 coloriées).*

140. Globe aérostatique avec ses agrès pour voyager dans l'air au moyen du vent, par J. Houel, 4 déc. 1783. Très belle épreuve, *tirée en bistre.*

141. Expérience aérostatique faite à Lyon, en janvier 1784, avec un ballon de 100 pieds de diamètre — Aérostat de Lion *(sic)*, gravé d'après le dessin donné par M. Pilatre de Rozier... (ascension du 17 janvier 1784) (chez Delalande). Deux pl. coloriées.

142. Expérience du Vaisseau volant de Monsieur Blanchard, 2 mars 1784, par Denis, d'apr. Desrais — Moyen facile et efficace pour diriger les Globes Aérostatiques, par F. J. Plancq. Deux pl. (une *coloriée*).

143. Expérience du Vaisseau volant de Mr Blanchard, 2 mars 1784, 2 pl. — Retour du Globe Aérostatique, 2 déc. 1783 — La Folie du Jour — Le Vaisseau aérostatique ou le retour de mon oncle, etc. 7 pl. Très belles épreuves (4 *coloriées*).

144. Expérience faite par MM. Robert frères, au Château de St Cloud, le 15 juillet 1784. Très belle épreuve, *coloriée.*

145. Expérience aérostatique de MM. Robert frères, au Jardin des Tuileries, 19 sept. 1784. Deux pièces. Très belles épreuves.

146. Départ de la Machine aérostatique de MM. Robert frères et Colin Hullin, 19 septembre 1784. Belle épreuve, *coloriée*, de la collection Soulavie.

147. Descente des Immortels Roberts, près de Béthune, 19 sept. 1784, avec texte descriptif et chanson. Belle épreuve de la collection Soulavie. Très rare.

148. *All on Five or the Doctors disappointed a view taken in Lord Foleys Garden Sep. 29 1784.* Très belle épreuve, *tirée en bistre.*

149. Expérience du Globe aérostatique de MM. Charles et Robert, 3 pl. *coloriées.* Belles épreuves.

150. *Grand Aerostatic Balloon... M. Blanchard, on Oct. 16th 1784... Chelsea.* Très belle épreuve.

151. Machine aérostatique de MMrs l'abbé Miolan et Janinet — Vue de l'Elévation du Globe aérostatique... sous la direction de Messieurs Miolan et Janinet — Nouvelle façon de voler par Mrs Miolan et Janinet — Ici le hazard réunit les plus beaux personnage (sic) — Embrasement déplorable de la Machine... des Srs Miolan et Janinet. Six pièces. Belles épreuves *(2 coloriées).*

152. *Vue et perspective du Jardin de Mr Révillon... ou se sont faites les expériences... de MM. Montgolfier....*, d'apr. Desrais. Belle épreuve.

153. *La Représensation of Mr Lunardi's Balloon, as Exhibited in the Pantheon, 1784*, par V. Green, d'apr. Byron. Belle épreuve (doublée, cassures).

154. Vue de la Garenne du Roy à Vimereux (mort de Pilatre de Rosier et Romain, 15 Juin 1785). Encadrée.

155. La 14e Expérience de Mr Blanchard; Entrée de Mr Blanchard, Lille 26 Aout 1785; 2 pl. par Helman d'apr. L. Watteau — Terrasse des Tuileries, avec le Globe aérostatique de MMrs Charles et Robert. 1 Déc. 1783; — etc. Ensemble 8 planches *(4 coloriées).*

156. Le Palais-Royal, 23 7bre 1786, jour de l'ascension de Pégase et et d'une nymphe, par Sergent, d'apr. Marchal. Très belle et rare épreuve, *avant toute lettre*, tirée en bistre.

157. *Blanchards 28 Farth Zu Nurnberg den 12 Novembre Ao 1787*, par A. W. Kutsner. Très belle épreuve.

158. L'Homme aérostatique ou mon pauvre Oncle, 2 pl. différentes — La Caisse de Balons ou les Commis effrayés — Madame la Comtesse de M et sa couturière. Quatre pièces satiriques. Belles épreuves (2 *coloriées*) de la collection Soulavie (sauf une).

159. La Phisicienne galante — La Coquette phisicienne — Le Volomaniste — Le Petit Maitre Physicien, 4 pl., charges sur les Ballons adoptés à la Mode. Belles épreuves (une *coloriée*, 9 de la collection Soulavie).

160. Bombe nationale — Les Jacobins allant révolutionner le Monde — Projet d'une nouvelle messagerie — L'Attente trompée — Vol-au-vent ou le patissier d'Anières — Le Degen politique, etc. Neuf pièces, charges ou caricatures politiques. Belles épreuves, *coloriées* (sauf deux).

161. Vue de la Salle de Walse...; vue du Temple de la Paix.... (14 Juillet 1801) — Revue du Général La Fayette... le 18 Juillet 1790, ou devoit s'enlever un ballon — Portraits de Blanchard, G. M. Montgolfier, Charles, Pilatre de Rozier — etc. Quatorze pièces. Belles épreuves *(2 coloriées)*.

162. Fête du 14 Juillet An IX (1801). Deux pièces, une accompagnée du " Grand Programme " et d'une chanson. Belles épreuves, une *coloriée*.

163. Fête du Sacre et Couronnement de leurs Majestés Impériales, par Gautier et Marchand, d'apr. Le Cœur. Très belle épreuve, *coloriée*.

164. Vue... de l'Hôpital des Enfants trouvés de cette ville (Nantes) ou voyage aérien de MM. Coustard de Masse et Mouchet. Très belle épreuve.

165. *Moyen de diriger les Aérostats par Monsieur Masse Architecte.* Belle épreuve de la collection Soulavie.

166. *A Scene in the Farce of " Lofty Projects "*.... par G. Cruickshank, d'apr. Gillray. Très belle épreuve, *coloriée*.

167. *Tour de Calais, nouvelle machine aerostatique... destinée à faire le passage de France en Angleterre...* Deux pièces par Echard et Voisin. Belles épreuves, une *coloriée*.

168. Expérience Aérostatique exécutée dans le Champ-de-Mars à Paris, 7 bre 1812, par Mr Degen ; gravé sur verre et imprimé par Tourmy. Belle épreuve.

169. Entrée de S. M. Louis XVIII, à Paris, le 3 Mai 1814, par Le Cœur. Très belle épreuve, *coloriée*.

170. Entrée de S. M. Louis XVIII, à Paris. Cinq pièces. Très belles épreuves. *(3 coloriées)*.

171. Fête donnée par la Ville de Paris à Louis XVIII le 29 Aout 1814. Très belle épreuve.

172. Fête donnée par la Ville de Paris à Louis XVIII le 29 Aout 1814 — La Sphère Aréostatique... abandonnée aux vents dans le Champ de Mars, 27 Aout 1783 — Revue du Général Lafayette... le 18 Juillet 1890 — Expérience du Parachute (par Garnerin 22 Octobre 1797) — etc. Douze planches. Belles épreuves (6 coloriées).

173. *Pour la Fête du Roy!* (Louis XVIII) *par Elisa Garnerin* (25 août 1815). Très belle épreuve, *coloriée.*

174. *The descent of M^r Livingston on the Coast of Baldoyle... 27^th of June 1822*, par R. Havell et fils, d'apr. Mulvany. Très belle épreuve.

175. *Der Luft-Dampf-Wagen, erfunden von Henson....* — Arrivée à Paris de la voiture à vapeur aérienne — Aerial ship the Eagle etc. Sept planches (2 coloriées).

176. Scènes relatives aux Ballons, 11 pl. par H. Daumier. Très belles épreuves.

177. Dix pièces diverses.

178. Ascensions, charges sur les ballons, etc., 25 pièces diverses.

## BAUDOUIN (d'après P. A.)

179. Le Chemin de la Fortune, par Voyez l'aîné (E. B. 14). Superbe épreuve.

180. Le Couché de la Mariée, par Moreau le jeune et Simonet (16). Très belle épreuve, toutes marges.

181. L'Épouse indiscrète, par N. De Launay (21). Très belle épreuve.

182. Le Lever — La Toilette. Deux pièces par Massard et Ponce, se faisant pendants (29 et 48). Belles épreuves, *avec* la 1^re adresse (mouillures).

183. Le Modèle honnête, par Moreau le jeune et Simonet (34). Très belle épreuve.

184. La Sentinelle en défaut, par N. De Launay (44). Très belle épreuve (légère tache).

## BENAZECH (C.)

185. Le Couronnement de la Rosière — Le Prix de l'Agriculture. Deux pièces se faisant pendants. Belles épreuves *imp. en couleurs* (petites mouillures ou épidermures).

## BERTHAULT

186. Les Chanteurs des Boulevards — Les Diseurs de bonne aventure. Deux pièces de forme ronde, se faisant pendants. Très belles épreuves *tirées en bistre.*

## BOILLY (L.)

187. Le Jeu de Billard — Le Jeu de l'Ecarté. Deux pièces se faisant pendants. Belles épreuves, *coloriées.*

188. Le Jeu de Tonneau — Le Cabaret — Les Journeaux. Trois pièces. Très belles épreuves *coloriées* (la dernière réparée).

189. Spectacle Gratis — L'Effet du Mélodrame. Deux pl. se faisant pendants. Bonnes épreuves, *coloriées.*

190. Recueil contenant : Couverture : *recueil de Sujets moraux Dessinés sur Pierre par L. Boilly*, titre *(Parlé au portié)*, portrait de L. Boilly, les Grimaces, 95 pl. (complet) et 17 Scènes de Genre, soit ensemble 114 pièces. Très belles épreuves, *coloriées* (sauf 2).

191. Les Jouets du Jour de l'An — Vous serez heureuse en ménage — Le Jeu des Echecs, de Dames, de Dominos, de Cartes. Six pièces. Belles épreuves (2 coloriées).

191 *bis*. Une Scène des Boulevards — Savoyards montrant la marmotte, 2 lith. par Wattier. — Au Café, par Kuhl — Marche Incroyable, par Bonnefoy (tirage postérieur) 4 planches. Belles épreuves (2 sur chine, 1 coloriée).

## BOILLY (d'apr. L.)

192. Ça Ira, par Mathias. Très belle épreuve *avant la lettre.*

193. La Douce résistance, par Tresca. Belle épreuve, *avant la lettre* (légères cassures).

194. L'Optique, par F. Cazenave. Très belle épreuve *imprimée en couleurs*, avec rehauts.

195. L'Optique, réduction. Très belle épreuve, *imp. en couleurs.*

196. 1re et 2e Scènes de Voleurs, par Gror. Deux pièces. Très belles épreuves, *coloriées.*

## BONNET (L. M.)

197. The Amiable Family — The Amiable Society. Deux pièces d'apr. Ramberg, se faisant pendants, *imp. en couleurs*, la 1re très belle, la seconde remmargée.

198. Le Tailleur. Très belle épreuve, *imp. en couleurs.*

## BOREL (d'apr. Ant.)

199. La Bascule — Le Charlatan. Deux pièces par Léveillé se faisant pendants, *imp. en couleurs*, la 1re très belle (légère épidermure).

200. L'Innocence en danger — Le Voila fait. Deux pièces par F. Huot, se faisant pendants. Belles épreuves.

## BOREL et AUBRY (d'après)

201. Le Mariage conclu — Le Mariage rompu. Deux pièces par R De Launay, se faisant pendants. Belles épreuves.

## BOUCHARDON (d'apr. Edme)

202. *Etudes prises dans le bas peuple, ou les Cris de Paris.* Paris, Fessard, 1737-1746, série complète (le titre de la 1re suite en double, à l'état d'eau-forte), soit 61 pl. en 1 vol. in-4e, demi maroq. brun à coins, tête dorée non rognée. Belles épreuves (quelques-unes courtes de marges).

## BOUCHER (d'apr. F.)

203. Le Départ du Courrier — L'Arrivée du Courrier. Deux pièces par Beauvarlet, se faisant pendants. Belles épreuves *avant toute lettre.*

## CAMPION

204. Le Prince de Lambesc aux Tuileries. Belle épreuve, *imp. en couleurs.*

205. Prise d'Armes aux Invalides. Très belle épreuve, *imp. en couleurs.*

206. Prise de la Bastille. Très belle épreuve, *imp. en couleurs.*

207. Vue du Champ de Mars le 12 Juillet 1789. Très belle épreuve, *imp. en couleurs* (légère épidermure).

## CARESME (Ph.)

208. Bravoure de Femmes Parisiennes à la Journée du 5 oct. 1789 — Exécution du Mis de Favras. Deux pl. Belles épreuves.

## CARESME (d'apr. Ph.)

209. *Louis XVI, roi d'un peuple libre*, par R. Duchemin. Très belle épreuve, *imp. en couleurs* et rehaussée. Rare.

## CARNICERO (Antonio)

210. Vista de la Plaza y Corrida de Toros en Madrid, 1791. Très belle épreuve, *coloriée* et *gouachée.*

## CHAPUY (J. B.)

211. *Vue perspective du Champ-de-Mars, jour du Serment Civique... le 14 Jllet 1790*, d'apr. Le Roy. Très belle épreuve, *imp. en couleurs.*

## COCHIN Fils (C. N.)

212. La Blanchisseuse — La Charbonnière — Le Masson — La Ravaudeuse. Quatre pièces par Marg. Thévenard et Ravenet. Très belles épreuves (épidermures dans la légende d'une pl.).

## COIFFURES (Estampes sur les)

213. *Recueil général de coeffures de différents gouts où l'on voit la manière dont se coëffoient les Femmes... jusqu'en 1778* — Paris, Desnos, s. d. Couverture (rare) et série de 48 coiffures avec légendes. 1 vol. in-4° mar. plein. Très belles épreuves (les premières feuilles tachées dans le haut).

214. *Nouveau projet de Coeffures, Inventé par F. Davault, Mtre Coeffeur de Dames* ou Calendrier Perpétuel. Très belle épreuve.

215. Coeffures à l'espoir, à la nation, aux charmes de la Liberté et sans redoute. Quatre pièces formant série. Belles épreuves, *coloriées.*

216. MONDHARE (à Paris chez), 8 planches de chacune 4 coiffures (Coeffures du Matin ou les Négligés charmans — IIe Collection de la Parure des Dames (titre) — Nouvelle coeffure de Mariée — L'Armide ou la Grande Prétention — Coeffure à la Parisienne — Nouvelle Toque à la candeur — Bonnet d'un nouveau Gout dit l'Amour quêteur — La Païsanne Moderne). Belles épreuves (une tachée et 2 *coloriées*, plus courtes de marges).

217. Sortie de l'Opéra, 2 pl. diff. — L'Incendie des coeffures — Le Dîner mistérieux — La Brillante toilette de la Déesse du goût. Cinq pièces. Belles épreuves (3 *coloriées*).

218. *The French Lady in London — Ridiculous taste... — The Modern French hair dressing*, etc., 7 pl. sur les coiffures publiées en Angleterre. Belles épreuves (2 *avant la lettre*).

219. Accident imprévu de la Coeffure — Tiens vois-tu ce logis — Le Maître de Musique élégant — Le Grand Maître de la Frisure à la Mode — Combat du Duc Mont-auciel — Le Stratagème amoureux, 6 pl. sur les coiffures. Belles épreuves.

220. Les Funestes effets de la coquetterie, 3 pl. diff. — Entrée du B^on^ du Caprice — M^lle^ des Faveurs à la promenade à Londres — Le Baron du Bel-Air revenant du Palais-Royal. Six pièces. Belles épreuves.

221. Coiffures diverses, 24 pl., la plupart du XVIII^e^ siècle.

222. Les Perruques, par Hogarth — La Boutique de Perruquier — Nouveau Moulin à Barbe avec lequel on peut raser et coeffer 60 personnes en une minute — Changez-moi cette tête — Têtes à changer. Ensemble 5 planches (la dernière coloriée)

223. Le Premier et incomparable moulin à raser toutes les têtes à barbe — Les Dieux en Perruque — Les Perruquiers ambulans du Marché des Innocens — La Bonne Pratique, etc. Ensemble 6 planches (4 *coloriées*).

224. Charges sur les Coiffures. 10 pl. Belles épreuves.

225. Charges sur les Coiffures, 9 pl. Belles épreuves.

226. Charges sur les Coiffures, 32 pl., publiées en Allemagne. Belles épreuves.

## COMMARIEUX

227. Ah! s'il y voyoit, d'après Vincent. Très belle épreuve, *coloriée*.

228. Les Ennuyés chez eux, 3 états : 1° *avant toute lettre*, 2° *avant la lettre* mais avec les noms d'artistes à la pointe : *Vincent D., Commarieux sc*, 3° avec la lettre et les noms : Carle Vernet et Coqueret. Très belles épreuves, *coloriées*.

## COSTUMES

229. Gallerie des Modes et Costumes Français, dessinés d'après nature... Ouvrage commencé en l'année 1778, Paris, Esnauts

et Rapilly, Tome I et II, 2 vol. in-fol., plein maroq. rouge, dos orué, compart. de filets, tête dorée, non rogn. (Noulhac).

Exemplaire complet (texte et 192 planches). Très belles épreuves en noir (12 légèrement réparées en marge). Sont ajoutés, en tête du T. I : les portraits de Louis XVI et de Marie-Antoinette, par Le Beau et Duflos, d'apr. Le Clerc et Touzé, soit ensemble 197 pl.

230. Gallerie des Modes et Costumes Français, dessinés d'après nature. Ouvrage commencé en l'année 1778. Paris, Esnauts et Rapilly, T. I; frontispice et pl. 1 à 96 (complet), T. II, pl. 97 à 108, réunis en 1 vol. in-fol., demi maroq. rouge à coins, tête dorée, non rogn. Très belles épreuves, *coloriées* sauf le 6e cahier (pl. 31 à 36). (une pl. remmargée, 3 restaurées en marge et 4 pl. sont plus courtes). Le portrait de Louis XVI, par Duflos d'apr. Touzé, ajouté. Ensemble 110 planches.

231. *Suite des Nouvelles Modes françaises depuis 1778 jusqu'à nos jours...*, etc. 6 pl. de cette suite en 1 vol. pet. in-4°, demi maroq. rouge à coins. Belles épreuves. (Polonoise garnie de Gaze..., Dame de qualité en Grand Habit, Robe de Cour, Habillement d'Hiver Galant, Circassienne vue par Devant, Deshabillé à la Polonoise).

232. Mondhare : Collection de Costume et de la Parure des Dames. 16 pl. appartenant aux cahiers 1 (?) à 6 — Nouvelle coeffure de Mariée (planche de 4 coiffures) — Petit Maître en grecque, Coiffure négligée avec une coeffe nouée (à Paris chez l'auteur, 2 pl. de 4 coiffures. Ensemble 19 pl. en 1 vol. in-4°, demi maroq. rouge (la plupart en belles épreuves, 17 sont *coloriées*).

233. Duhamel : *Cabinet des Modes ou Les Modes Nouvelles* (plus tard Magasin des Modes Nouvelles). Paris, Buisson, 1785-1789, 4 tomes en 2 vol. in-8°, figures, cartonn. rouge ancien. Bel exemplaire complet (texte et 396 figures coloriées, gravées par Duhamel, d'après Desrais, Defraine, Pugin, etc.) (quelques-unes sont dereliées).

234. Le Brun : *Journal de la Mode et du Goût, ou amusemens du sallon et de la toilette*, Ire à IVe année (25 Février 1790 au 20 Mars 1793), 4 tomes en 4 vol. in-8°, dont 2 cartonn., dos rouges (anciens) et demi chagr. rouge.

Bel exempl. complet du texte (le texte du dernier n° : 1er Avril 1793, 4e année, 4e cahier, n'a pas paru), des 112 pl. doubles coloriées, et des 76 pp. de musique gravée.

Les 1re et 2e années, sont cartonnées (sauf 3 cahiers enff.), et les 3e et 4e années sont en cahiers de publication, à toutes marges, sous 2 cartonn. demi chagr. Très rare.

235. Journal des Dames et des Modes (La Mésangère). Paris, an V (1797) au 19 Janvier 1839. 41 volumes in-8°, fig., demi vélin blanc.

Superbe collection de cette importante publication, bien complète du texte (moins celui des 8 premiers nos et la ff. de musique gravée du no LXV, 31 Déc. 1797) et de toutes les gravures, numérotées de 1 à 3624.

Au texte, sont ajoutés le titre gravé et la plupart des feuillets explicatifs imprimés pour le recueil des 40 premières pl. paru sous le titre « Variation des Costumes français de la fin du XVIIIe siècle..., etc. ». L'ouvrage se termine au no 3 de l'année 1839 (ces 3 derniers nos restés inconnus à Vicaire). A cet exemplaire sont ajoutées 41 planches supplémentaires ou états. La plupart des épreuves de la 2e série (17 à 38) sont en premier tirage (numérotées de 1 à 21). Quelques planches (entre les nos 98 et 115), portent d'autres nos que ceux indiqués par M. G. Vicaire, mais les sujets sont les mêmes.

236. Le Triomphe de la Coquetterie. Epreuve *coloriée*, manquant un peu de conservation. Rare.

237. Les Modes passées et présentes, pl., publiées par Beaublé fils. Belle épreuve, *coloriée*. Rare.

238. *Restoration Dresses*, 22 avril 1789. Très belle épreuve. *coloriée*.

239. La Belle Marchande à la Toilette aux Boulevards — La Jolie Marchande de Bônet du Boulvart. Deux pièces publiées par Basset. Très belles épreuves, *coloriées*.

240. Les Graces Françaises — Les Grâces Anglaises — Les Graces Villageoises — Les Graces Poissardes. Quatre pièces publiées par Basset. Très belles épreuves, *coloriées*.

241. Costumes Français : Robe à l'Anglaise — Le Curieux Florimont — Tocque et Spencer. Trois pièces. Très belles épreuves, *coloriées*.

242. Costumes Français : Redingote du Matin — Le Billet doux — — Demoiselle s'amusant avec son Carlin — La Pensive Hélène — La Coquette Zéphirine, 5 pl. Belles épreuves, *coloriées*.

243. (Gravures Parisiennes) : Les Precepteurs revenant des Thuilleries, Vue du Chateau d'Eau de la Samaritaine, Le Moulin de Charentonneau, etc. Suite de 9 planches en 1 vol. in-16, maroq. rouge janséniste, tr. dor. (Noulhac).

244. Joséphine en Minaudant fait chit-chit avec adresse au Palais-Royal — Ah Finissé donc cher Père (chez Basset) — Le Cor-

donnier Anglais — Les Invisibles en Tête à Tête — Le Baiser Perfide. Ensemble 5 planches, belles épreuves, *coloriées* (la 1re sans marges).

245. Ils ont été, ils sont, et ils seront — Femmes d'aujourd'hui, femmes d'autrefois — Tableau des Vicissitudes humaines — Jugement universel du Genre humain. 4 planches. Belles épreuves, *coloriées*.

246. Sans Culotte du 10 aoust — La Femme du Sans Culotte — Jeune Brabançone et son fils... — La belle Adeline faisant aller son Emigran (sic) — Françoises devenues Libres — Jeune Française allant au Champ-de-Mars — Mlle des Victoires — Mlle Vainqueur. Huit pièces. Très belles épreuves, *coloriées*.

247. Taste A la Mode as in the Year 1735 — Taste à la Mode 1745 — The Merchant Taylors (1749). 3 pièces d'après Botard, par Davis, Pallon, Bickham. Belles épreuves.

248. Les Nouvellistes — Vendeur d'Estampes — Ravaudeur de poëles — Coup de bouton — Ah ! ça ira. etc., 14 pl. Belles épreuves, *coloriées* (sauf 2).

249. L'Orgueil espagnol surmonté par le Luxe français, d'apr. L. Tettelin — Le Tailleur pour femme, par C. N. Cochin (et copie) — The English Lady at Paris, d'apr. S. H. Grimm — The Gallery of Fashion (chez Fores 1796). Cinq planches (une coloriée).

250. Amazone Nationale, Infanterie, par Poisson, 1790 — Voila le Costume désiré — Vœux du Tiers Etat — Je suis député du Tiers — Position du soldat. Cinq pièces. Très belles épreuves, *coloriées* (sauf une).

251. Charges sur les Costumes et les Modes, 14 pl. Belles épreuves, *coloriées* (sauf une).

252. Costumes des Représentans du Peuple français et fonctionnaires publics, dessinés et coloriés d'après nature avec la plus grande précision, 2 planches à plusieurs sujets. Belles épreuves, *coloriées*.

253. Costumes et Modes, 50 petites pl., réunies en 1 vol. in-12, rel. mar. pl. Ces planches sont presque toutes des réductions de l'époque, des pièces de Desrais, Leclerc, etc., publiées dans la *Gallerie des Modes Françaises*. Très belles épreuves, *coloriées*.

254. *Magazin der Moden, 1er heft, mit kupfern;* Berlin, *Meyer*, 1789, in-12 de 72 pp. et 6 pl. numérotées 1 à 6, cartonn.

## COYPEL (d'apr. Ch.)

255. Le Jeu de Comète, par M. Très belle épreuve.

## CURTIS

256. Marie-Antoinette, d'apr. Dufroë. Belle épreuve (petite cassure).

## DAVID (d'apr. L.)

257. Marat dans sa baignoire, par Morel (H. B. 2). Belle épreuve d'une pièce rarissime, avec l'annotation manuscrite suivante : *Pour le Cen David, 6me* (épreuve) (mouillures).

## DEBUCOURT (Ph. L.)

258. Le Juge ou la Cruche cassée, eau-forte (Maurice Fenaille 1). Très belle épreuve de la collection Goncourt. Fort rare.

259. Le Juge ou la Cruche cassée, par Le Veau (2). Très belle épreuve du 1er état, à *l'eau-forte pure.*

260. La même estampe. Très belle épreuve du 2e état, *avant la dédicace.* On y a joint une épreuve de l'état ordinaire, soit deux pièces.

261. Les Voisines laborieuses, par A. Moitte (3) — L'Instruction Villageoise, par Glairon-Mondet (6). Deux pièces. Belles épreuves.

262. Les deux Baisers (7). Très belle épreuve, *imp. en couleurs.*

263. Le Menuet de la Mariée (8). Très belle épreuve *imp. en couleurs*, du 1er tirage, *avant* les retouches.

264. Le Menuet de la Mariée — La Noce au Château (8 et 21). Deux pièces se faisant pendants. Très belles épreuves, *imp. en couleurs.*

265. L'Oiseau ranimé, 1787 (M. F. 9). Très belle épreuve, *imp. en couleurs*, filet de marge (très légère cassure). Encadrée.

266. Humanité et Bienfaisance du Roi, par Guyot, 1787 (10). Belle épreuve du 2e état (sur 3), *imp. en couleurs.* On y a joint une épreuve du 3e état, tirage postérieur, soit deux pièces.

267. Promenade de la Galerie du Palais-Royal (11). Belle épreuve, *imp. en couleurs*, du 1er tirage, *avant* la correction au mot : Imprimé (restaurée). Encadrée.

268. Heur et malheur ou la cruche cassée — L'Escalade ou les Adieux du Matin (12-13). Deux pièces se faisant pendants. Très belles épreuves, *imp. en couleurs.*

269. Le Compliment ou la Matinée du Jour de l'An — Les Bouquets ou la Fête de la Grand-Maman (15-16). Deux pièces se faisant pendants. Très belles épreuves du 1er tirage.

270. La Rose — La Main (17-18). Deux pièces se faisant pendants. Très belles épreuves du 1er tirage, *imp. en couleurs* (remmargées sur 3 côtés).

271. Louis Seize (19). Très belle épreuve *imp. en couleurs* (en partie jaunie).

272. Mgr le Duc d'Orléans (20). Très belle épreuve *imp. en couleurs, avec* la date : 1789.

273. Annette et Lubin (22) — La Vieillesse d'Annette et Lubin. Deux pièces par Debucourt et Le Cœur, se faisant pendants. Très belles épreuves, *imp. en couleurs* (la pl. de Debucourt est *avec* la date, légères épidermures en marges).

274. M. le Mis de la Fayette (23). Belle épreuve (petites cassures et épidermures).

275. L'Enfant Soldat ou les Amusemens de Famille (24). Très belle épreuve, *coloriée.*

276. La même estampe. Superbe épreuve.

277. Vive le Roy, par A. Legrand (25). Série des 3 états décrits, par M. Fenaille, sous les nos 25, 44 et 64. Trois pièces. Belles épreuves.

278. Almanach National, dédié aux Amis de la Constitution (26). Belle épreuve du 3e état, *imp. en couleurs.* Encadrée.

279. La Rose mal défendue (27). Très belle épreuve du 2e état, *avant* l'adresse de Depeuille.

280. La même estampe. Très belle épreuve *imp. en couleurs,* avec rehauts (très légère restauration).

281. La Rose mal défendue, réduction par Bonnemain (27 *bis*). Très belle épreuve (la marge a été pliée).

282. La Croisée (28). Très belle épreuve *imp. en couleurs,* légers rehauts.

283. La même étampe. Très belle épreuve.

284. Lise poursuivie — Le Songe réalisé (29-30). Deux pièces se faisant pendants. Belles épreuves (remmargées, petites épidermures restaurées).

285. Que vas-tu faire? — Qu'as-tu fait? (31-32). Deux pièces se faisant pendants. Très belles épreuves, *avec la lettre grise*, et *avant* l'adresse de Depeuille, toutes marges.

286. Qu'as-tu fait? (32). Belle épreuve.

287. La Promenade Publique (33). Belle épreuve *imp. en couleurs* (petites cassures et salissures). Encadrée.

288. Il est Pris — Elle est Prise (34-35). Deux pièces se faisant pendants. Epreuves *coloriées* (restaurations).

289. La Bénédiction Paternelle ou le Départ de la Mariée (50). Très belle épreuve du 2e état, *avant la lettre*.
On y a joint une épreuve avec la lettre, soit deux pièces.

290. L'Oiseau privé — Pauvre Annette (51-52). Deux pièces se faisant pendants, la 1re du 2e état, la seconde du 4e état. Très belles épreuves, *coloriées*.

291. Le Bouquet présenté (53). Belle et fort rare épreuve du 1er état, *non terminée*.

292. La même estampe. Belle épreuve (épidermures).

293. Berceau de Paul et Virginie — Les Premiers Pas de Paul et Virginie (54-55), 2e état — Bienfaisance de Virginie (56). Cinq pièces. Bonnes épreuves.

294. Minet aux Aguets (57). Belle épreuve, *coloriée* (petite restauration en marges).

295. Jouis tendre Mère (58). Belle épreuve d'un état *non décrit*.

296. Ils sont Heureux (59). Superbe épreuve à la *lettre grise*, *avant* l'adresse.

297. Oui, son arrivée fera notre bonheur (60). Très belle épreuve du 2e état, *avant toute lettre*, *imp. en couleurs*, avec rehauts.

298. L'Heureuse Famille (61). Très belle épreuve du 2e état, *avant la lettre*.

299. Les Plaisirs paternels (63). Très belle épreuve *imp. en couleurs* (pli).

300. Les Visites — L'Orange ou le moderne Jugement de Pâris (65-66). Deux pièces se faisant pendants. Belles épreuves.

301. Cheval effrayé par la Foudre, d'apr. C. Vernet (67). Très belle épreuve du 2e état (sur 4).

302. Modes et Manières du Jour (71-122). Suite de 52 pl. (incomplète des pl. 26, 29, 31, 42, 49, 50, 51), soit 47 pièces y compris 2 doubles avec diff. Epreuves inégales de beauté et de marges, *coloriées* (sauf 5).

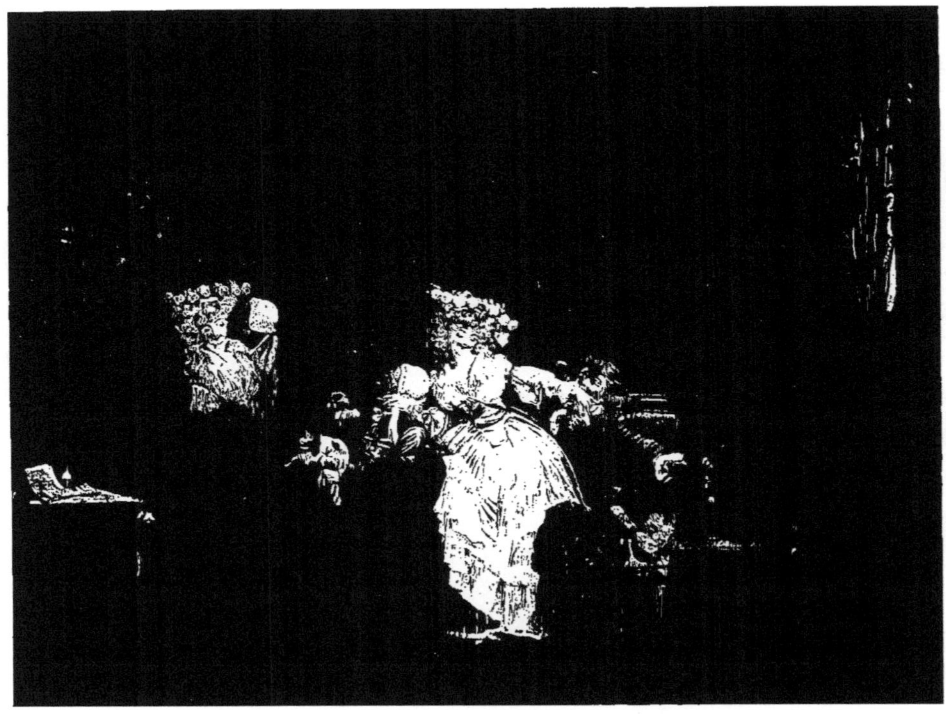

N° 262 du Catalogue.

N° 269 du Catalogue.

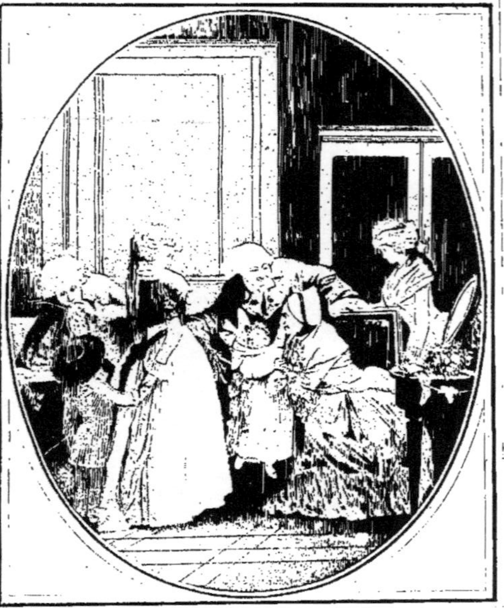

N° 269 du Catalogue

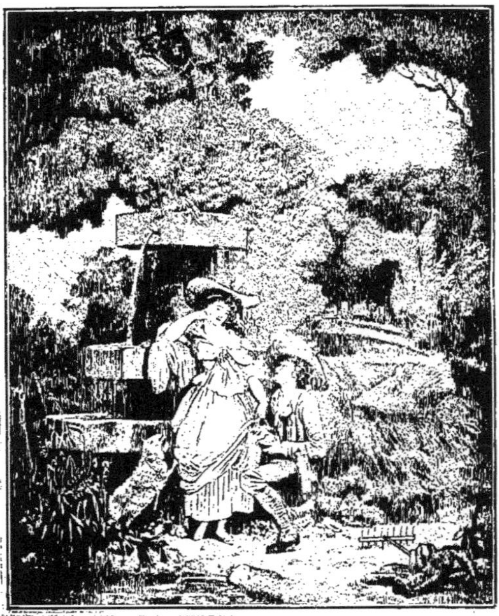

N° 268 du Catalogue.

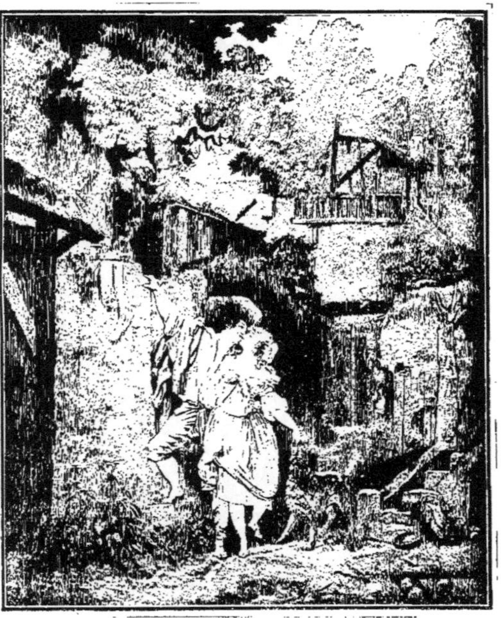

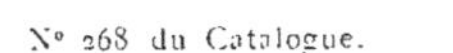

N° 268 du Catalogue.

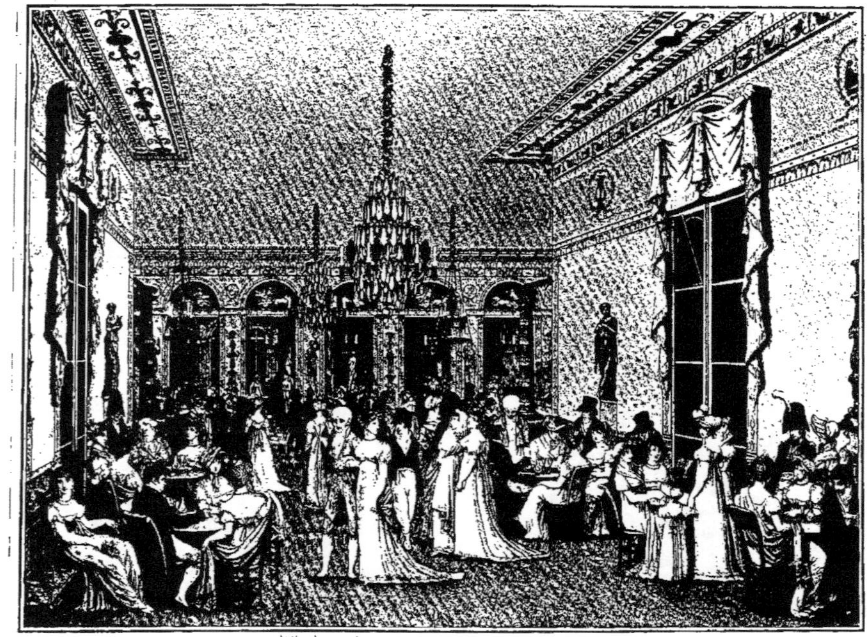

N° 330 du Catalogue.

303. *Héro et Léandre... Edition ornée d'un frontispice et de 8 estampes en couleurs par P. L. Debucourt* (123-131) Paris, *Didot* l'aîné, an IX (1801); in-4°, fig., demi-maroq. bleu à coins, tête dorée et non rogn. Bel exemplaire à grandes marges, avec la lettre grise.

304. Etude (132) — Le Bain de Daphnis et Chloé (183) — La Soif de l'Or, grande et petite pl. (134-135). Cinq pl. d'apr. Prud'hon. Très belles épreuves.

305. Cheval qu'on bouchonne au retour d'une Course (137). Superbe épreuve du 1er état, toutes marges.

306. Chasseur égaré, d'apr. C. Vernet (138). Très belle épreuve du 2e état, *avant la lettre.*

307. Mameluck montant à cheval (139) — Cheval arabe de Mameluck (140). Deux pièces d'apr. C. Vernet, se faisant pendants. Très belles épreuves *impr. en couleurs.*

308. La Chasse, d'apr. C. Vernet (141). Très belle épreuve du 1er état (petite épidermure et piqûres).

309. Charge de Mameluck (143) — Retraite de Mameluck (154). 2 pl. d'après C. Vernet, formant pendants. Belles épreuves du 2e état.

310. Préparatifs d'une poule entre cinq chevaux de Course, d'après C. Vernet (144). Belle épreuve du 1er état, signée à la pointe (piqûres).

311. Mme St Aubin, d'apr. L. Boilly (147). Très belle épreuve, *coloriée.*

312. La même estampe en mêmes conditions.

313. La Femme et le Mari ou les Epoux à la Mode (148) — La Coquette et ses Filles ou Une Mère à la Mode (149). Deux pièces se faisant pendants. Belles épreuves, *coloriées.*

514. Un Gourmand — Un Usurier (150-151). Deux pièces se faisant pendants. Belles épreuves, *coloriées* (petites épidermures).

315. La Course (156), 3e état — Fin de la Course (157), 2e et 3e états. Trois pièces. Belles épreuves.

316. Recueil de Têtes et Coiffures modernes (158-164), pl. 1 (2 épr.), 2, 3 et 6 (2 épr.), soit six pièces. Belles épreuves (2 tirées en sanguine).

317. Les Galans surannés ou les Petits Papas à la Mode (165). Très belle épreuve.

318. Les Chiens ayant perdu la trace, d'apr. C. Vernet (166). Très belle épreuve du 1er état, *avant la lettre.*

319. L'Incendie (167). Deux belles épreuves, une *coloriée.*

320. La Petite Barque ou l'Heureuse Union (Isabey et sa Famille) — La Famille réunie ou l'Agréable Loisir (Le graveur Girardet et sa Famille) (170-171). Deux pièces se faisant pendants. Très belles épreuves, *imp. en couleurs* et rehaussées.

320 *bis.* Les mêmes estampes. Très belles épreuves.

321. Les Petits Messieurs ou les Adolescens à la Mode (172). Très belle épreuve, *coloriée* (légère restauration).

322. Les Courses du Matin ou la Porte d'un Riche (173). Très belle épreuve *coloriée.*

323. La même estampe. Belle épreuve (pli).

324. Le Chasseur au tirer — Le Chasseur — Le Départ du Chasseur Le Retour du Chasseur (175-178). Suite de 4 pl., d'après C. Vernet. Très belles épreuves (les n[os] 175 et 177, en 1er état).

325. Exercices de Franconi, 2 pl., d'apr. C. Vernet, se faisant pendants (179-180). Très belles épreuves, *avant la lettre, coloriées* (petites épidermures à une pl.)

326. Les mêmes estampes. Belles épreuves (petites épidermures ou cassures).

327. Calèche se rendant au rendez-vous de Chasse, d'apr. C. Vernet (181). Très belle épreuve du 2e état, *avant le titre.*

328. *Collection Complète des différents genres de voitures dont les Russes se servent dans leur empire et particulièrement à Saint-Pétersbourg... dessiné d'après nature par M. F. Damame-Démartrais, gravé par Ph. Debucourt.*, Paris, *Gillé fils*, 1806 (184-191). Couv., titre, texte et suite complète de 8 pl., en doubles épreuves (noir et coloriées), 1 album grd in. fol., demi chagr. vert à coin. Belles épreuves.

329. Chevaux au pré, 2 pl. — Chevaux au verd — Chevaux à l'abreuvoir (192-195). Suite de 4 pl., d'apr. C. Vernet. Belles épreuves (les n[os] 193 et 195 sont *avant la lettre*).

330. Frascati (196). Superbe épreuve de la collection Goncourt.

331. Chasse au renard, d'apr. C. Vernet (197). Très belle et rare épreuve d'un 1er état, *non décrit, avant* les signatures.

332. La Jeune Femme (198). Très belle épreuve.

333. Napoléon 1er (199) — Alexandre 1er (200). Deux pl. se faisant pendants. Très belles épreuves, une *imp. en couleurs*, avec rehauts, l'autre *coloriée.*

334. Le Jour de l'An (201). Très belle épreuve, *coloriée.*

335. Cheval Sauvage (202) 2e état — Cheval de Retour de la Chasse, d'apr. C. Vernet (252) 2e état. Très belles épreuves.

336. Le Printemps ou les Amans (203). Très belle épreuve (petite cassure en marge).

337. L'Hiver ou le Mari (204). Très belle épreuve, *coloriée* (sans marges).

338. La Poste Russe, d'apr. Sauerweid (205). Belle épreuve du 1er état, *coloriée.*

339. Barrières de Paris : Bercy — Champs-Elysées, 2 états — Charenton — St Martin (206-209). Cinq pièces d'apr. Palaiseau. Belles épreuves; 2 imp. en couleurs avec rehauts (petites épidermures ou cassures à 2 pl.).

On y a joint les Barrières de Ménilmontant, Vincennes, Fontainebleau et de la Gare, par Schwartz, complétant la suite, soit ensemble neuf pièces (y compris une épreuve d'état).

340. La Manie de la Danse (210). Belle épreuve, *coloriée.*

341. Madame et Monsieur (211). Belle épreuve, *coloriée.*

342. Napoléon 1er (212). Belle épreuve.

343. L'Innocente du Jour (218). Très belle épreuve du 2e état.

344. Le Carnaval (219). Très belle épreuve.

345. Illumination de la grande Cascade de St Cloud — Feu d'artifice à l'Arc de Triomphe de l'Etoile. Deux pièces se faisant pendants (221-222). Belles épreuves, *coloriées.*

346. Illumination de la Gde Cascade de St Cloud — Vue de l'Arc de Triomphe et du Feu d'Artifice (221-222). Très belles épreuves (la 1re en 1er état).

347. Paysage en temps de neige — Berline arrêtée par l'Orage (223-224). Deux pièces se faisant pendants. Belles épreuves, *coloriées.*

348. Les mêmes estampes en même condition.

349. Course de Chevaux, d'apr. C. Vernet (225). Belle épreuve du 1er état.

350. Cheval prépapé pour la Chasse, d'apr. C. Vernet (226) — Défaite de l'Armée Anglaise, d'après H. Laclotte (420) (avec la pl. explicative). 3 planches. Belles épreuves (restaurations).

351. Paysages, effets de neine (255-256). Deux pièces se faisant pendants. Belles épreuves, *coloriées.*

352. Les mêmes estampes. Bonnes épreuves, *coloriées*.

353. La Flambée du cochon (257) — La Calèche renversée (307) — Le Traineau (308). Trois pièces formant série. Belles épreuves, *tirée en 2 tons* et *coloriées*.

354. *Entrevue de Ll. MM. l'Empereur des Français et l'Empereur de Russie sur le Niemen, le 25 juin 1807*, d'après H. Vernet (258) 2e et 3e états. Belles épreuves, la 1re *coloriée* (restaurée).

355. Le Coeffeur (309) — Le Tailleur (310). Deux pièces se faisant pendants. Très belles épreuves, *coloriées*.

356. Le Tailleur (310). Belle épreuve, *coloriée*.

357. Le Baiser à propos de bottes (311). Belle épreuve, *coloriée*.

358. Vent devant — Vent derrière (312-313). Deux belles épreuves, *coloriées* (épidermure à une pl.).

359. La Séparation pendant une Nuit d'Hiver (317) — Clair de Lune au Bord de la Mer (318). 1er et 2e états. Quatre pièces. Belles épreuves (la 1re réparée).

360. Scène de Voleurs, effet de neige (321). Deux belles épreuves *tirées en 2 tons*, une rehaussée.

361. Course du Grand Prix faite au Champ de Mars à Paris, d'après C. Vernet (322). Belle épreuve du 3e état (épidermures).

362. Louis XVIII (323, 326, 327, 328, 329) — Condé (Pce de) (330). Six pièces, la plupart en belles épreuves.

363. Les Gastronomes Affamés (324) — Les Gastronomes sans Argent — Les Gastronomes en Jouissance — La Fin des Gastronomes (325). Suite de 4 pièces par Debucourt, Commarieux et Coqueret. Belles épreuves (2 *coloriées*).

364. S. A. R. la Dsse d'Angoulême consolant l'aveugle de Sichon (333). Très belle épreuve, *coloriée*.

365. La Calèche (334). Belle épreuve (plissée).

366. *Collection de Costumes Dessinés d'après nature par* Cle Vernet et *Gravés par* Debucourt... — Paris, Ch. Bance, 1814 et suiv. (335-391). Suite complète de 56 pièces, *coloriées*, la plupart en très belles épreuves.

366 *bis*. Costumes (344, 351, 362, 366, 380, 382, 383, 384 et 386). Dix pièces. Belles épreuves (2 *coloriées*).

367. La Partie de Plaisir (388) — Joly, acteur du Vaudeville (394) — La Faction d'Hiver (562) — Le Retour de la Garde (564). 4 planches. Belles épreuves (3 *coloriées*).

368. Promenade au Bois de Vincennes (392). Très belle épreuve du 1er tirage, *coloriée.*

369. Gouter des Anglais, d'apr. C. Vernet (393). Trois très belles épreuves (2 *coloriées* différemment), une tirée en noir.

370. Cosaque de Sibérie criant le Houra, d'apr. C. Vernet (395), 2e état — Mameluck d'Ordonnance — La Sortie du Fort (518 et 542), 2 pl. d'après C. Vernet. Quatre planches (épidermures et cassures).

371. Chevaux-Légers (396), 1er état, *avant la lettre*, non décrit et 2e état — Mameluck en vedette — Charge de Lancier Français, par Coqueret — Chevaux Légers (397) — Chevaux Arabe et Russe (398-399). Sept pièces (3 *coloriées*).

372. Le Charles-Philippe, 1er bateau à vapeur, lancé sur la Seine à Paris, le 20 Août 1816 (401). Belle épreuve du 1er état, *coloriée* (cassures).

373. Inauguration de Guillaume Ier à Bruxelles, le 21 sept. 1815 (Cortège). 2 pl. (402-403).
On y a joint 2 pl. par Gibèle pour la même suite, soit 4 pièces. Belles épreuves.

374. Route de Poissy — Route de St Cloud (404-405). Deux pièces, d'apr. C. Vernet, se faisant pendants. Très belles épreuves, *coloriées.*

375. Route de St Cloud, d'après C. Vernet (405). Très belle épreuve.

376. La même planche. Belle épreuve coloriée (déchirure en marge). Encadrée.

377. Route de Poste, d'apr. C. Vernet (406). Très belle épreuve, *coloriée.*

378. Les Aveugles, d'apr. C. Vernet (407). Belle épreuve, *coloriée.*

379. Retour des Champs (408) — Retour du Marché (409) — Route de Naples (410) — Marchand de vin des Environs de Rome (411). Quatre pl. d'apr. C. Vernet. Belles épreuves, *coloriées* (épidermures à une pl.).

380. Les Joueurs de Boules, d'après C. Vernet (413). Belle épreuve, *coloriée* (réparation en marge).

381. Les Chevaux de Bateau (412) — Le Marchand de Chevaux Normands (par Charon). Deux pièces, d'après C. Vernet. Très belles épreuves, *coloriées.*

382. Le Joueur de Cornemuse, d'apr. C. Vernet (414). Très belle épreuve, *coloriée.*

383. La Danse des Chiens en désordre, d'apr. C. Vernet (415). Belle épreuve, *coloriée.*

384. Réception de M^me^ la D^sse^ de Berry, par S. M. Louis XVIII et la Famille royale, d'après C. Vernet (417). Très belle épreuve (piqûres).

385. La Chasse, d'apr. C. Vernet (418). Très belle épreuve.

386. Le Retour du Chasseur (419) — Le Départ du Chasseur — Le Chasseur au Renard — Le Renard pris. Suite de 4 pl. par Debucourt et Levachez, d'apr. C. Vernet. Belles épreuves.

387. Mort du Prince Joseph Poniatowski, d'apr. H. Vernet (421). Deux très belles épreuves (une *coloriée*).

388. Bataille de Somo-Sierra, d'après H. Vernet (422). 4^e état et état *non décrit.* Deux pièces. Belles épreuves.

389. Grand-Garde de Lanciers Polonais (423) — Lanciers Polonais en cantonnement (424). 2 planches, d'apr. H. Vernet, formant pendants, la 2^e *imp. en couleurs* (cassures).

390. *Collection de Costumes Polonais, dessinés d'après nature par Norblin, et gravés par Debucourt,* Paris, *Bance,* 1817 (425-474). Suite complète de 50 pl. (y compris le frontispice) en 1 vol. in-fol. demi-maroq, bleu à coins, tête dorée, non rogné, couv. cons. Très belles épreuves, *coloriées,* à toutes marges.

391. La même suite, en épreuves *avant la lettre* (sauf les pl. 15 et 34), tirées en 2 tons, 1 album in-fol., demi maroq. bleu à coins, tête dorée, non rogné. Très belles épreuves à toutes marges (la pl. 42 est plus courte avec réparation en marge). Couverture pliée ajoutée.

392. Vue de la ville de Lyon, prise du Quai de Saône (483). Belle épreuve, *coloriée.*

393. Combat en Egypte (485). 1^er^ et 2^e^ états — Combat de Hussard et de Mameluck dans une sortie (486). Quatre pièces d'après C. Vernet. Belles épreuves.

394. Départ du Roi de Lille, le 23 Mars 1815, d'apr. le Ch^r^ de Basserode (487) (avec la pl. explicative). Très belle épreuve.

395. La Croix d'Honneur (488) — Le Drapeau (489). Deux pl. se faisant pendants.

396. La Belle Frascatane (490) — Adèle la Vénitienne (491) — M^lle^ Lundens (492) — M^lle^ van Maelder (493). Quatre pièces *imp. en couleurs* et *rehaussées.*

397. Le Café Ambulant — Le Marchand de Galette (494-495). Deux pièces se faisant pendants. Belles épreuves, *coloriées.*

398. Intérieur d'une cuisine — Intérieur d'une Salle à manger (496-497). Deux pièces d'apr. Drolling, se faisant pendants. Très belles épreuves, à toutes marges.

399. Le Gourmand (498). Trois très belles épreuves des 1er, 2e et 3e états (une *coloriée*).
On y a joint la copie par Blanchard fils, soit 4 pièces.

400. Siècle de Louis XV : Une Soirée chez Me Geoffrin en 1755, d'apr. le Ch[r] Lemonnier (502) (avec la pl. explicative). Très belle épreuve, *imp. en couleurs* et rehaussée (piqûres).

401. Le Soldat Français — La Vivandière (509-510). Deux pièces se faisant pendants. Belles épreuves, *coloriées*.

402. Chenard, d'apr. L. Boilly (511 — 1er état) — Haüy (R. J.), d'apr. Vangorp (512). Deux pièces. Belles épreuves.

403. La Mariée, d'après Duval Le Camus (517). Très belle épreuve.

404. Le Coup de Tonnerre, d'après C. Vernet (519). Belle épreuve. (restaurée).

405. La Main Chaude — Le Colin-Maillard (522-523). Deux pièces se faisant pendants, la 2e d'après Wilkie. Très belles épreuves.

406. Les Amateurs de Plafonds au Salon (524). Trois épreuves des 2e et 3e états (2 *coloriées*).

407. Les Heures du Jour, d'apr. Hipp. Lecomte (525-528). Suite de 4 pl. — Les Disgrâces de Ragotin, d'apr. Rioult (532-535). Suite de 4 pl., soit ensemble 8 pièces. Belles épreuves, *coloriées*.

408. La Récréation (530) — L'Ecole en Désordre (531), 2 pl. en doubles épreuves (noir et *coloriées*).

409. Une Ambulance, d'apr. Bellangé (543), noir et color. — Adieux d'un Brave (par Maile) — L'Horoscope (550) — La Prière (551). Six pièces (plusieurs *coloriées*).

410. On n'passe pas — Après vous Sire ! (544-545). Deux pièces d'apr. Charlet, se faisant pendants. Belles épreuves.

411. La Leçon de Musique (552) — La Leçon de Lecture (par Jazet) — Ouvre la Bouche et ferme les Yeux (553) — Souvenirs de Jeunesse (554). 4 pièces (la dernière *coloriée* et réparée).

412. Rebelles tuant un prisonnier (555) — Rebelles défaits (556). 2 pl. d'apr. Webster. — Les Boules de Neige (557). 4 planches. (On y a joint la gravure de Romney " Rebels shooting a Prisoner ", en 3 états, soit 7 planches) (la 1re réparée).

413. Le Retour inattendu, d'apr. Wilkie (558). Deux belles épreuves, une *coloriée*.

414. L'Etrenne du Bonnet (561) — La Faction d'Hiver (562) — Le Départ pour la Garde (563) — Le Retour de la Garde (564). Suite de 4 pl. Belles épreuves, *coloriées*. Rares.

415. La Chasse au cerf, le Retour, d'apr. C. Vernet (566). Deux très belles épreuves, une *non terminée*, très rare.

416. Montgolfière lancée à Tivoli, le 15 Thermidor (567). Très belle épreuve, *coloriée*.

417. Charleroi, d'après H. Vernet (568). Deux belles épreuves des 1er et 2e états. On a joint une réduction, soit 3 pièces.

418. Suite de Chasseurs, 9 pl. plus 4 doubles en 2 états, soit 13 pièces (571 et suiv.). Très belles épreuves, *coloriées*.

419. Le bien Coiffé *(Dessiné et Gravé par P. L. Debucourt)*. Très belle épreuve, *coloriée*, d'une pièce *non décrite*, par M. Fenaille. Très rare.

420. La Main-Chaude — Le Colin-Maillard. Deux pièces par Roehmild et Marris, d'apr. Debucourt et Wilkie, se faisant pendants. Belles épreuves, *coloriées*.

421. Les Heures, d'après Raphaël (168-169), 2e état — Vue du Château de Chantilly (215) — Sortie d'un officier d'Hussard Français (174) — Vue de Moskou (314) — L'Hermitage de Montmorency (319) — Eruption du Mt Vésuve (320) et n. d., 2 planches — La Duchesse d'Angoulême au Tombeau de ses Parents (332) — Henri IV (400). 10 planches. Belles épreuves, *(2 imprimées en couleurs)*.

422. Droits de l'Homme et du Citoyen (37) — Cadran Républicain et Camée (38-39) — Liberté (40), 1er état avec l'encadt, et 2e état — Fraternité (42), 1er état — Unité (43), 2e état — Calendrier Républicain (47) — Un jeune sans Culotte (49) — La Paix (142), 1re planche. Ensemble 10 pièces. Belles épreuves.

423. Allégorie à la Mémoire de feu M. le Comte de Vergennes (14) — La Duchesse d'Angoulême (portrait rond en 2 tons, minuscule, n. d.) — S. A. R. Mgr Duc d'Angoulême en Espagne (520), 2 états, soit quatre planches. Belles épreuves.

424. Encyclopédie du Dessin (227) — Geneviève et Lancelot (499) (l'Album) — La Servante Congédiée (500) — La Mode (501) — Combats sur mer, d'après Garneray (536-541), série complète avec des états, soit 9 pl. — Modes et Manières du Jour, titre et 11 planches (copies de Gosselin). Ensemble 24 planches. Belles épreuves, (une imprimée en 2 tons, 11 coloriées).

425. L'Invocation (254), 2 épr. — L'Adoration (253) 2 épr. — L'Eclipse (503) — L'Etoile du Soir (506). 6 planches. Belles épreuves (*2 imprimées en couleurs*, 4 *coloriées*).

426. Sujets divers, Paysages, modèles de dessin, etc., 70 pl., y compris des reproductions on des copies.

## DE MACHY (d'après)

427. Vues des Tuileries du côté du château et du Pont tournant. Deux petites pièces de forme ovale, par Descourtis, se faisant pendants. Très belles épreuves, *imp. en couleurs*. Encadrées.

## DESCOURTIS (C. M.)

428. Vue du Port St Paul — Vue de la Porte St Bernard. Deux pièces d'après de Machy, se faisant pendants. Très belles épreuves, *imp. en couleurs*.

## DESRAIS (d'après C. L.)

429. *Promenade du Boulevart Italien ou Petit Coblentz*, par E. Voysard. Très belle épreuve, *coloriée*. On y a joint la copie par Edm. Gosselin.

430. La même estampe. Belle épreuve. Encadrée.

431. La Belle Nourrice — La bonne Fête. Deux pièces publiées par Bonnet, se faisant pendants. Belles épreuves, *coloriées*.

432. Le Départ de la Chasse — Le Rendez-vous de Chasse. Deux pl. de forme ovale, se faisant pendants. Bonnes épreuves, *coloriées*.

433. Les Parisiens en Vendange — Le Poisson des jeunes Filles. Deux pièces par Blanchard, se faisant pendants. Très belles épreuves, *coloriées*.

## DUGOURC?

434. L'Amour triomphant. Belle épreuve, *imp. en couleurs*.

## DUPLESSI-BERTAUX (J.)

435. La Bienfaisance Ingénieuse. 3 états différents. Belles épreuves.

## EISEN (d'après Ch.)

436. Le Jour — La Nuit. Deux pièces par Patas, se faisant pendants. Superbes épreuves, *avant toutes lettres*, toutes marges.

437. Concert Méchanique inventé par R. Richard, 1769, par de Longueil. Belle épreuve (piqûres).

## FRAGONARD (Honoré)

438. L'Armoire (P. de B. 2). Belle épreuve, *avant* l'adresse (légère cassure).

439. Les Pétards — Les Jets d'eau. Deux pièces par Auvray, se faisant pendants. Très belles épreuves.

## GAUTIER-DAGOTY

440. Femme nue endormie ou Vénus — Femme nue couchée, de dos. Deux grandes planches de forme ovale, d'après le Titien, se faisant pendants. Très belles épreuves, *imp. en couleurs* (petites épidermures, cassures en marge à une pl.).

## GERMAIN (P. F.)

441. *Journée du 25 Juin 1791, le Roi arrivant de Varennes à Paris.* Très belle épreuve. Rare.

## GILLRAY (John)

442. *Habits of New French Legislators, and other Public Fonctionaries*, 1798. Suite complète de 12 pl., *coloriées.*

443. Venus attired by the Graces — A little music or the delights of harmony — Advantages of wearing Muslin dresses — Playing in Parts — Push-Pin — Two-Penny Whist. Six pièces. Belles épreuves, *coloriées.*

## GUILLOTINE (Estampes relatives à la)

444. Machine proposée à l'Assemblée Nationale... par M. Guillotin — Portrait de Guillotin — Guillotine élevée en Place du Carrousel, *13 Aoust 1792* — Robespierre guillotinant le Bourreau — Titus Manlius par G. Pencz, 5 pièces.

## GUYOT (Laurent)

445. Action de Joseph Chrétien, 1786 — Action courageuse qui a mérité le prix à l'Académie d'Amiens, en 1786. Deux pièces d'apr. Texier, se faisant pendants. Très belles épreuves, *imp. en couleurs.*

446. Etats Généraux, 4 Mai 1789, 4 petits sujets de forme ronde, sur un même cuivre. Superbe épreuve, *imp. en couleurs.* Rare.

447. Serment civique de St Etienne du Mont. Très belle épreuve, *imp. en couleurs.*

448. M. le Curé de St Etienne-du-Mont marchant à la tête de son District, le 14 Juillet 1789 — Arrivée des Femmes à Versailles, le 5 oct. 1789. Deux pièces se faisant pendants. Très belles épreuves, *imp. en couleurs.*

449. La Bastille, 5 pièces différentes de forme ovale. Très belles épreuves, *imp. en couleurs.*

450. Douze motifs de boutons relatifs aux Trois ordres. Très belles épreuves, *imp. en couleurs* (sans marges). Rares.

451. *Garniture de Bouton au* (sic) *Révolutions de Paris le 14 Juillet 1789*, série de 18 boutons gravés sur une même planche avec titre. Très belle épreuve *imp. en couleurs.* Fort rare.

452. *Principaux traits de la Révolution Française Pr[re] Quinzaine en Juillet 1789*, série de 20 boutons sur la même planche. Superbe épreuve. Très rare.

453. *Principaux Traits de la Révolution 2e Quinzaine 5 et 6 Oct.* 20 motifs pour boutons gravés sur un même cuivre. Superbe épreuve *imp. en couleurs.* Très rare.

## HELMAN (J. S.)

454. Le Charlatan Allemand — Le Charlatan François. Deux pièces d'apr. D. Bertaux, se faisant pendants. Très belles épreuves, *avant la dédicace.*

## HUET (J. B.)

454 *bis.* Le Vice forcé dans ses retranchements — La Désolation des filles de joie. Deux pièces se faisant pendants. Belles épreuves.

## HUET (d'après J. B.)

455. L'Amant Ecouté — L'Eventail cassé. 2 pièces par Bonnet, se faisant pendants. Belles épreuves *imprimées en couleurs* (la 1re épidermée, la seconde remmargée).

456. Autel de la Liberté Française, par Hétier. Superbe épreuve *imp. en couleurs.*

## HUET et CARESME (d'après)

457. La Troupe ambulante des rues de Paris — Le Marchand d'orviétan de campage. Deux pièces par Bonnet, se faisant pendants. Belles épreuves, *imp. en couleurs.*

## INCROYABLES (Estampes relatives aux)

458. Ah ! beaucoup vous critiquent !... par J. Marchand, d'apr. Bosio. Belle épreuve, *tirée en bistre.*

459. *Ah ! quelle antiquité !!!*, par Chataignier. Très belle épreuve, *coloriée.*

460. Ah ! quil est donc drole ! Très belle épreuve, *coloriée.*

461. L'Anglomane — L'Inconvénient des Perruques. Deux pl. par Darcis, d'apr. C. Vernet, se faisant pendants. Belles épreuves (épidermure à la 1re pl.)

462. L'Anglomane, par Darcis, d'apr. C. Vernet. Belle épreuve *imp. en couleurs* (petite épidermure).

463. Aristide et Brise scellé — Pauvre Rentier ruiné — Hélas ! de vous à moi — Le Riche du Jour — La Danse des Croyables. Cinq pièces. Belles épreuves.

464. Arrivée à Paris, de deux Généraux de l'Armée des Incroyables — L'Impayable Rentier de l'Etat — C'est Incroyable — Le Nouvel incroyable — Longchamps, 1822. Six pièces. Belles épreuves.

465. La Chose Impossible — (Incroyables en partie fine) — Chacun son tour — Café des Incroyables. Quatre pièces. Belles épreuves.

466. Le Contraste, par Auvray, d'apr. Le Clerc — 1re Réquisition des Deux Genres — L'Anarchiste, par S. Petit. Trois pièces. Très belles épreuves.

467. *Les Croyables actifs du Palais ci-devt Royal.* Très belle épreuve.

468. Les Croyables au Péron — Faites la Paix. Deux pl. par Tresca et Lévilly, se faisant pendants. Très belles épreuves, *coloriées.*

469. Les Croyables au tripot. Très belle épreuve.

470. La Danse incroyable — Les Effroyables. Deux pièces publiées par Bonvalet, se faisant pendants. Belles épreuves, *coloriées.*

471. Le Déjeuner, par Gabriel. Belle épreuve.

472. Eh Mais c'est impossible... — Quoy a pied... — Les Croyables au Péron — La Folie du Jour — La Réponse incroyable. Six petites pl. de forme ronde. Belles épreuves.

473. Les Etonnantes, les Croyables et les Incroyables — A, ça, pas de conseil — L'Incroyable à cheval — Hélas! nous ne nous ressemblons pas!!!!! Quatre pièces. Belles épreuves.

474. La Faction incroyable. Belle épreuve.

475. Ha quel vent! c'est un incroyable — Quel est le plus ridicule? Deux pièces. Belles épreuves.

476. Les Héroïnes d'aujourd'hui, par Blondeau, d'apr. Desrais. Très belle épreuve, *coloriée.*

477. Les Inconcevables — L'Incroyable chez le Dentiste — Tiens bieu ton Bonnet, par Tomkins — Monsieur le Baron et Madame... de Sotenville... Quatre pièces. Belles épreuves.

478. L'Inconvénient des Perruques, par Darcis, d'apr. C. Vernet. ,Très belle épreuve, *imp. en couleurs*. Rare.

479. L'Incroyable à cheval — Les Payables — Hélas! de vous à moi., etc., 7 pl. (2 par Gosselin et Loizelet).

480. Les Incroyables — Les Incon-cevables. Deux pièces se faisant pendants. Très belles épreuves, *coloriées.*

481. Les Invisibles (d'après Bosio?). Belle épreuve, *coloriée.*

482. Les Merveilleuses — Les Incroyables. Deux pièces, par Darcis, d'apr. C. Vernet, se faisant pendants. Très belles et rares épreuves, *imp. en couleurs* (piqûres, une doublée)

483. Les mêmes estampes. Belles épreuves (cassure-pli à une pl.)

484. Les Merveilleuses, petite pl. de forme ovale. Belle et rare épreuve, *imp. en couleurs* (remmargée).

485. L'Oracle consulté, par Guyard. Très belle épreuve.

486. Pas possible — Les Inconcevables — Ma pa'ole d'honneur... Trois petites pl. de forme ronde. Très belles épreuves (une *coloriée).*

487. Les Petits Incroyables — Les Petites Merveilleuses. Deux petites pl. par Adelaïde Queverdo, se faisant pendants. Belles épreuves.

488. La Pièce Curieuse, par Darcis, d'apr. Boilly. Très belle épreuve, *coloriée.*

489. Point de convention — La Folie du Jour. Deux pièces, par Tresca, se faisant pendants. Très belles épreuves, *coloriées.*

490. Promenade du parvenu et du rentier, pl. publiée par Depeuille, 1797. Très belle épreuve, *coloriée.*

491. Qu'oi à Paris, cest Incroyable!.... Très belle épreuve, *coloriée.*

492. La Rencontre des Incroyables, par Ruotte, d'apr. Bunbury. Très belle épreuve, *coloriée.*

493. La Rencontre des Merveilleuses, par Mme Le Fevre. Belle épreuve.

494. La Réponse Incroyable — Le Retour Incroyable. Deux pièces publiées par Depeuille, se faisant pendants. Très belles épreuves.

495. La Science du Jour. Très belle épreuve.

496. Vieux rentier et vieux pensionnaire — A Fashionable Man, in 1800 — Le Nouvel Incroyable — Le Vieux Incroyable — La Revanche donnée aux Sans-Culottes — Mme Angot. Six pièces. Belles épreuves.

## JANINET (J. F.)

497. Les Sentimens de la Nation, d'apr. J. B. Huet. Très belle épreuve, *imp. en couleurs.*

498. Projet d'un Monument à ériger pour le Roi, d'apr. de Varenne et Moreau le jeune. Très belle épreuve, *imp. en couleurs, signée au verso.*

499. Projet d'un Palais de Législature, d'apr. F. Gilbert. Belle épreuve, *imp. en couleurs.*

500. La même pièce. Belle épreuve *imp. en couleurs.*

501. *Vue du Champ-de-Mars... le 14 Juillet 1790*, d'apr. Meunier. Belle épreuve, *imp. en couleurs.*

502. Vue de Paris. Très belle épreuve avant toute lettre, *imp. en couleurs.* Encadrée.

## JEAURAT (d'apr. E.)

503. Le Carnaval des Rues de Paris, par Le Vasseur. Très belle épreuve.

504. Déménagement d'un peintre — Enlèvement de Police. Deux pièces, par Cl. Duflos, se faisant pendants. Belles épreuves.

505. La Place des Halles — La Place Maubert. Deux pièces, par Aliamet, se faisant pendants. Très belles épreuves.

## JEUX (Estampes sur les)

506. *Le Fameux Romain, Nouveaux Tours et façons de jouer aux Goblets...*, par Prevost. Belle épreuve.

507. Jeu des Drapeaux. In-fol. Très belle épreuve, *coloriée*. Très rare.

508. Le Jeu de Billard. Neuf pièces. par Breterthon, Nilson, Bonneville, Blanchard, G. Hunt, etc. Belles épreuves, *coloriées* (sauf une).

509. Jeux de cartes, de déz, de trictrac et de lansquenet, 4 petites pl. publiées par Demortin, Très belles épreuves.

510. Dispute entre joueurs (XVIII$^{e}$ siècle) — Les Joueurs à la Mode (chez Depeuille). 2 pl. Belles épreuves (1 *coloriée*).

## LANCRET (d'apr. N.)

511. Le Matin — Le Midi — La Soirée — 3 pl. (sur 4), par N. de Larmessin. Belles épreuves.

## LAVREINCE (d'apr. Nic.)

512. L'Assemblée au Concert — L'Assemblée au Salon (5-6). Deux pièces, par F. Dequevauviller, se faisant pendants. Très belles épreuves.

513. Le Billet doux, par N. De Launay (10). Très belle épreuve, *avant la lettre* et la dédicace (légères piqures).

514. Le Déjeuner Anglais — La Leçon interrompue (17 et 35). Deux pièces, par G. Vidal, se faisant pendants. Très belles épreuves.

515. Ecole de Danse, par F. Dequevauviller (**22**). Superbe épreuve, *avec* l'adresse du graveur.

516. L'Indiscrétion, par F. Janinet (30). Epreuve *imp. en couleurs* (épidermures et légères réparations) Encadrée.

517. Le Mercure de France, par Guttenberg (38). Belle épreuve (légères épidermures et taches d'humidité).

518. Les Grâces Parisiennes au bois de Vincennes — Les Trois Sœurs au Parc de S$^{t}$-Cloud (50 et 11). Deux pièces, par Chapuy, se faisant pendants. Belles épreuves, *imp. en couleurs*. Encadrées.

519. Qu'en dit l'Abbé? par N. De Launay (51). Très belle épreuve, *avant la dédicace* (mouillures).

## LE BEAU (P. A.)

520. Portraits de Louis XVI et de Marie-Antoinette, gravés sur un même cuivre. Très belle et très rare épreuve *avec* la légende : *Vœux de la Nation au Roi et à la Reine Pour le Jour de l'An 1778...*

## LE CAMPION

521. Louis XVI montrant à son Fils le zèle des François — Henri IV et Sully — Louis XVI et le Dauphin. Trois médaillons gravés sur le même cuivre. Très belle épreuve, *imp. en couleurs.* Rare.

## LE CLERC (d'apr.)

522. Histoire de l'Enfant prodigue. Suite de 6 pièces, par Gaillard, Basan, Moitte, Teucher et De Fehrt. Belles épreuves.

## LE CŒUR (Louis)

523. Promenade du Jardin du Palais Royal, 1787. Très belle épreuve, *imp. en couleurs.* Encadrée.

524. Promenade du Jardin du Palais Royal, réduction. Très belle épreuve, *coloriée.*

525. Bal de la Bastille, d'apr. Swebach-Desfontaines. Très belle épreuve, *imp. en couleurs.*

526. Serment Fédératif du 14 Juillet 1790, d'apr. Swebach-Desfontaines. Superbe épreuve, *imp. en couleurs* (léger pli).

527. La Constitution Française. Superbe épreuve, *imp. en couleurs.* Très rare.

528. *Barrière des Champs-Elysées, Premier May... qui suprime tous les Droits d'entrées aux Barrières.* Très belle épreuve, *imp. en couleurs.* Rare.

529. Cérémonies et Fêtes du Sacre et Couronnement de Leurs Majestés Impériales Napoléon Ier et son Auguste Epouse. Suite complète de sept pièces. Très belles épreuves, *coloriées.*

## LE GRAND (A.)

530. Mariage Républicain — Le Divorce. Deux pièces se faisant pendants. Très belles épreuves de la collection Soulavie.

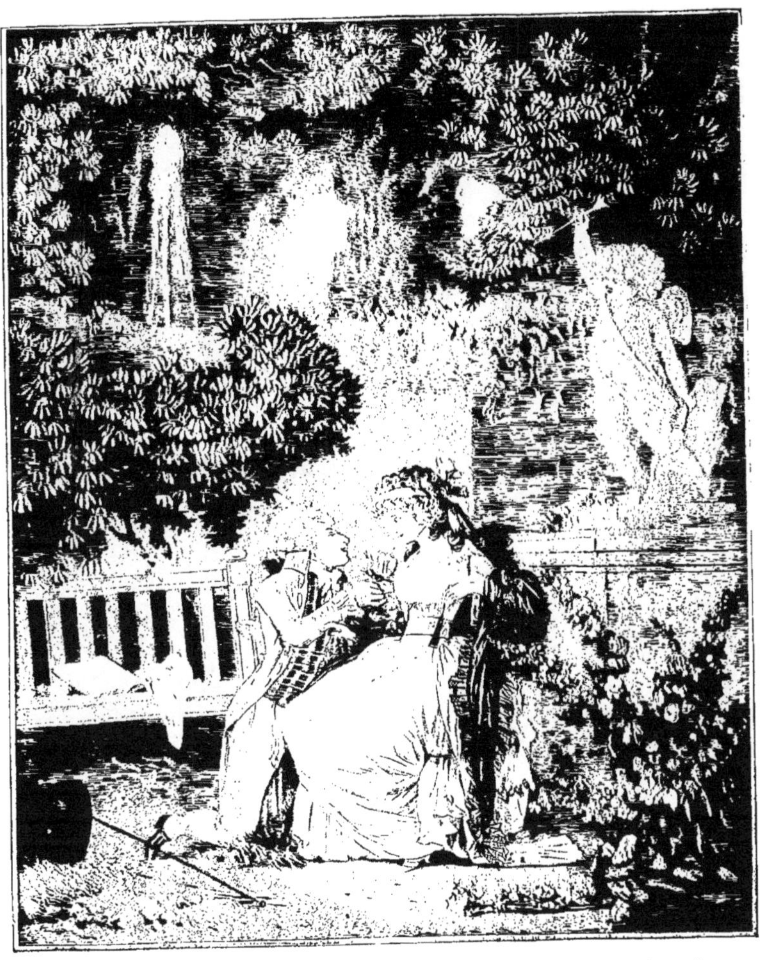

N° 270 du Catalogue.

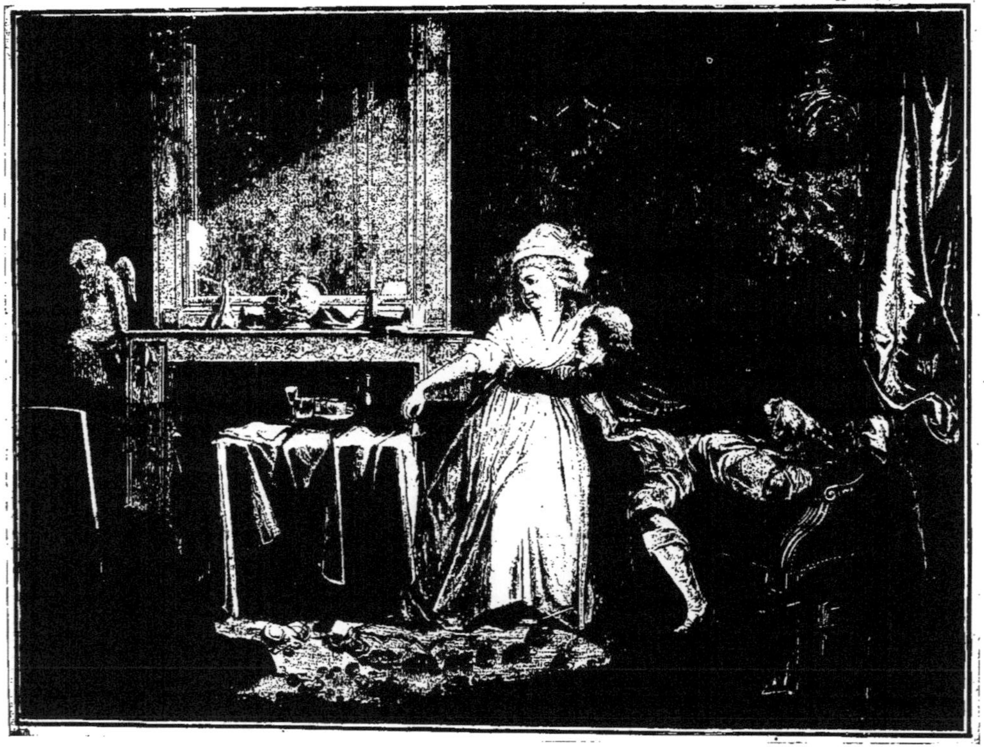

N° 585 du Catalogue.

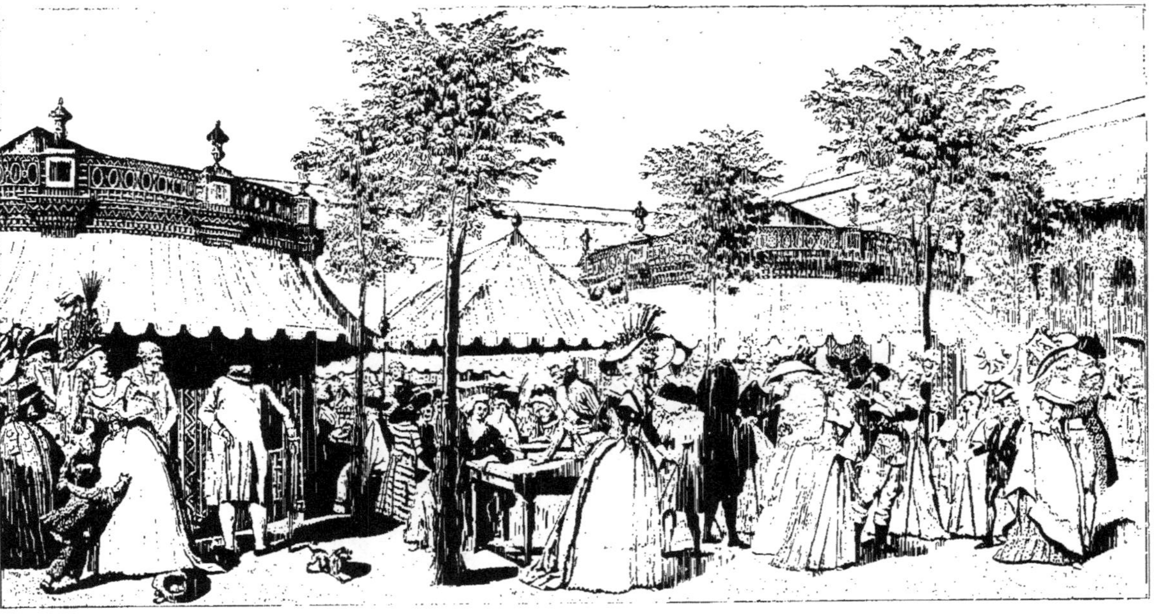

Nº 523 du Catalogue.

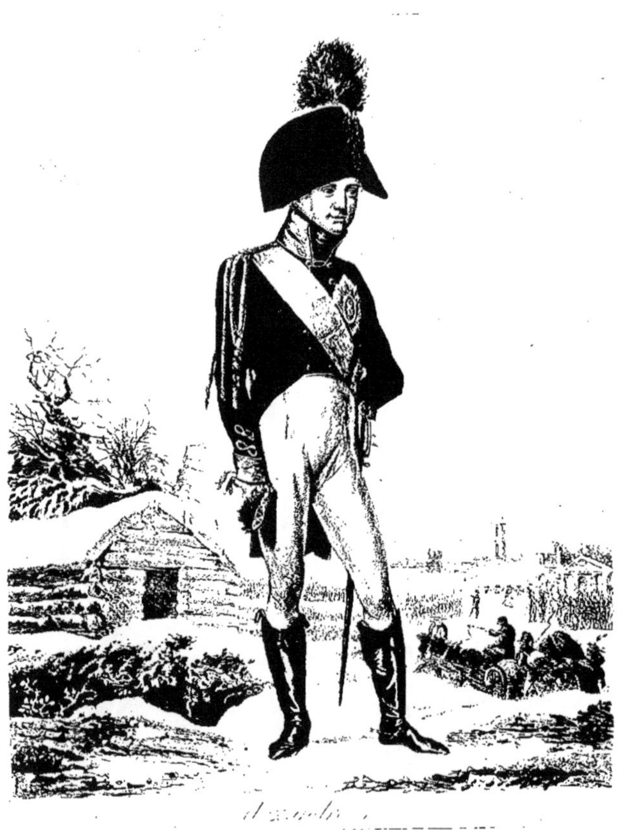

Nº 333 du Catalogue.

## LEPAGELET

531. L'Arbre de Cracovie — Chute de l'Arbre de Cracovie. Deux pl. se faisant pendants (la 2e *avant la lettre*). Belles épreuves.

## LEROY (d'après)

532. Coucou, par P. Beljambe. Belle et rare épreuve, *imp. en couleurs* (mouillures).

## LE SUEUR (L.)

533. Vue d'une Laiterie près le Gros Caillou, d'apr. Mlle de Cossé. Très belle épreuve, *imp. en couleurs.*

## LEVACHEZ

534. Louis XVI et La Fayette, petite pièce de forme ronde. Très belle épreuve, *imp. en couleurs.*

535. Costumes modernes Français et Anglais (ou : Oh ! c'est bien ça), d'apr. C. Vernet. Très belle épreuve, *coloriée.*

## LONGHI (P.) — FLIPART (Giuseppe)

536. La Vie d'une Femme. Suite de 7 pl., par G. Flipart, Bartolozzi et Wagner. Très belles épreuves.

## LOUIS XVI et MARIE-ANTOINETTE
## (Est. relatives à)

537. *Louis XVI, Roi des Français, couvert du Bonnet de la Liberté.* Petite pl. de forme ronde. Très belle épreuve, *imp. en couleurs.* Rare.

538. Louis XVI coiffé du Bonnet phrygien. Deux pièces (une publiée par Fillon). Belles épreuves *tirées en bistre.*

539. Louis XII, Henri IV, Louis XVI (chez Lenoir et Allibert) — Les Amis du Peuple — Louis XVI, roi des Français — Louis XVI et Marie-Antoinette. Quatre pièces. Très belles épreuves, une *imp. en couleurs,* avec rehauts, une seconde *tirée en 2 tons,* une autre *coloriée.*

540. L'Auguste Cérémonie du sacre de Louis XVI, par Berthet — Avènement de Louis-Auguste XVI et de Marie-Antoinette d'Autriche, 10 Mai 1774, par Patas — La France reçoit des

mains de l'Autriche le premier fruit de leur alliance, par Boizot, 1778 — Au Roi ; à la Reine ; 2 pièces par Le Mire, d'apr. Moreau le jeune. Cinq pièces. Belles épreuves (2 sans marges).

541. A la Gloire de Louis XVI, par C. Campion, d'apr. Suzanne, 1788 — Couronnement de Louis XVI — Les Visites du jour de l'An au Roi avec le quart de leur revenue — Discours du Roi, 22 févr. 1787, etc. Six pièces. Très belles épreuves (2 coloriées).

542. Louis XVI, roi des François, restaurateur de la Liberté — Je suis citoyen — Le Bonheur Public fixé par la Naissance de Mgr le Dauphin — Louis XVI à son peuple, par Frussotte, d'après Desrais, etc. Ensemble 6 pl. Belles épreuves (3 coloriées).

543. Louis XVI, roi d'un peuple libre — France, le plus beau jour éclaire ton Empire... — A un peuple libre, par Dambrun, d'après Moreau le jeune — L'Aristocratie écrasée, etc. Sept pl. Belles épreuves (4 coloriées).

544. L'Entrée du Roi et de la Famille royale à Paris, le 6 oct. 1789, par d'Argent. Très belle épreuve.

545. Louis XVI — Journée Memorable du 20 juin 1792 — Lewis the Sixteenth at the Bar of the National Convention, par Schiavonetti, d'apr. Miller — L'exécution de Louis XVI — Testament de Louis XVI, etc. Sept pièces. (3 coloriées).

546. Arrestation du Roi et sa Famille désertant du royaume — Retour de la Famille Royale, à Paris, le 25 juin 1791. Deux pièces se faisant pendants. Très belles épreuves, *coloriées*. Rares.

547. Retour de la Famille Royale, à Paris, le 25 juin 1791. Très belle épreuve, *coloriée*.

548. Nouveau Pacte de Louis XVI avec le Peuple, le 20 juin 1792. Quatre pièces, par Villeneuve et anonymes. Très belles épreuves *tirées en bistre* ou *coloriées*.

549. Derniers adieux de Louis XVI à sa Famille, petite pl. de forme ovale. Superbe épreuve, *avant toute lettre*, *imp. en couleurs*.

550. La Séparation de Louis Seize de sa Famille, par Cardon, d'apr. Benazech. Très belle épreuve, à *la lettre grise*.

551. Séparation de Louis XVII d'avec sa famille, par Schiavonetti, d'apr. D. Pellegrini — La fuite de Louis XVI à Varennes, son retour à Paris, etc. 7 pl. grav. par Prieur Silanio, etc. Ensemble 9 pl. (*8 imprimées en couleurs*).

552. La Séparation de Louis XVI de sa famille — Dévouement de Mme Elisabeth, 20 juin 1792 — Séparation de Marie-Antoinette d'avec sa famille, etc. Dix pièces. Belles épreuves.

553. Les Derniers adieux de Louis XVI à sa famille, par Benoit, d'apr. Queverdo — Louis XVI et sa famille au Temple ; son exécution, 4 petites pl. rondes, par Minatelli, d'après Pellegrini et Benazech — Adieux de Louis XVI à sa famille, 3 planches — François, écoutes ce bon Roi, par A. P., 1793 — M. l'Abbé Edgeworth, confesseur de Louis XVI (pub. by Tribb 1797), etc. 11 planches. Belles épreuves (5 *coloriées*).

554. Il jette à ses pieds ce qu'il tenait dans ses mains — Vive la Liberté — La Partie d'Echecs — La Trinité Bourbonnaise — Le Nouvel astre français, ou la Cocarde Tricolore suivant le cour du Zodiaque. 6 planches. Belles épreuves (2 *coloriées*).

555. Procès et mort de Louis XVI, feuille de 6 sujets (chez la Vve Chéreau) — The Martyrdom of Louis XVI, par J. Cruikshank — Loin de fuir, de passer, en ce lugubre azile... etc. (portraits dans les nuages) — Famille Louis 16 — Apothéose de Louis XVI (chez J. Marchand). Neuf pièces. Belles épreuves (3 *coloriées*).

556. *Exécution de Louis Capet XVIme du nom, le 21 janvier 1793* (chez Basset). Grand in-fol. Très belle épreuve.

557. Mort de Louis Capet 16e du nom... (A Paris, chez Basset). 2 épreuves (une *coloriée*) — Fin Tragique de Louis XVI, par Sanger. Trois pièces. Très belles épreuves.

558. J'ai toujours aimé mon peuple... je meurs innocent — Mort du Meilleur Roi des Français (à Leipzig, chez Rhieg) — Fin Tragique de Louis XVI (à Paris et Strasbourg), etc. 9 pl. se rapportant à l'exécution de Louis XVI (1 *coloriée*).

559. Testament de Louis XVI ; 5 planches différentes par Canu, Jean, etc. Belles épreuves.

560. Complainte sur la mort de Louis le Dernier (à Paris, chez le Citoyen Auger). Très belle épreuve.

561. Louis le Traître, lis ta sentence — Matière à Reflection pour les Jongleurs couronnés — Aux manes de nos frères sacrifiez par le traître — Wahre abbildung des Unschieldigen Konigs Ludwig XVI.... Quatre pièces (deux éditées chez Villeneuve). Belles épreuves.

562. *The Execution of the late King of France — The Execution of the Queen of France.* Deux pl. in fol. se faisant pendants, publiées le 7 nov. 1793 à Londres. Belles épreuves, *coloriées*.

563. Allégorie sur l'Alliance de Mgr le Dauphin avec l'Archiduchesse Marie-Antoinette, 16 May 1770, par Auvray, d'après Jac. Beauvais le Romain — Louis XVI et Marie-Antoinette, 2 pièces allégoriques par de Longueil, d'apr. Cochin fils (1776) — Louis XVI, en uniforme de son Régt d'Infanterie, 1778. 4 planches. Très belles épreuves (la dernière *coloriée*).

564. Louis XVI — Marie-Antoinette (1783). 2 pl. par Lebeau, d'après Nicollet — Louis XVI (1789), par A. Sergent, *imprimé en 2 tons* — Louis XVI — Marie-Antoinette. 2 planches (à Paris, rue des Mathurins, aux 2 Piliers d'Or) — Louis XVI, par R. Brookshaw, 1775 — Louis XVI, son fils sur les genoux, par le Ctr de Paroy. 7 planches. Très belles épreuves.

565. Louis XVI, King of France — Marie-Antoinette, Queen of France. 2 planches ovales par Marino Bovi. Belles épreuves *imprimées en couleurs.*

566. L'Heureux accouchement de la Reine, de Madame première, 19 Déc. 1778 (chez Basset) — L'Accouchement de la Reine... (avec couplets) — La célébration du mariage des 100 filles... en réjouissance de l'heureux accouchement de la Reine... — Entrée de L. M. dans Paris, 8 Février 1779 (chez La Chaussée). Quatre pièces. Belles épreuves (3 *coloriées*).

567. Vue Perspective de la Décoration et du Feu d'Artifice, à l'occasion de la naissance du Dauphin, 1782, par V. Nicole (2 épreuves) — Le Petit Malborougg. 3 pièces. Belles épreuves.

568. Marie-Antoinette dans sa prison, 2 planches — Interrogatoire de Marie-Antoinette (Seht! Deutchlands...) — Marie-Antoinette d'Autriche conduite à l'échafaud — Fin tragique de Marie-Antoinette — Testament de Marie-Antoinette, etc. Douze pièces (3 coloriées).

569. Marie-Antoinette, late Queen of France in the Prison, par G. Keating, d'apr. la Marquise de Brehan. Belle épreuve, *impr. en couleurs.*

570. *Vue perspective de l'Exécution de Marie-Antoinette d'Autriche veuve de Louis Capet...* In-fol. Très belle épreuve de la collection Soulavie.

571. *Exécution de Marie-Antoinette sur la Place de la Révolution.* In-fol. Belle épreuve, *coloriée.*

572. The Martyrdom of Marie Antoinette, par Cruikshank — Death of Marie-Antoinette (publ. 1794, by Laurie et Whittle) — The Infortunate Marie-Antoinette at the place of execution (publ. 1793, by Fairburn). 3 planches. Belles épreuves (2 *coloriées*).

573. Fin tragique de la Reine de France — Het Ombrengen van Marie-Antoinette — Maria Antoinette ondergaat het Vonnis des doods — Franz und Theresia verlangen, mit Ludwig, etc., etc. Sept planches. Belles épreuves (1 *coloriée*).

574. *La Panthère Autrichienne, voué au mépris...* (à Paris, chez Villeneuve). Très belle épreuve. Rare.

575. Caricatures contre Louis XVI et Marie-Antoinette. Quatorze pièces. Très belles épreuves, *coloriées* (sauf une).

576. Caricatures contre Louis XVI et Marie-Antoinette. Quatorze pièces, plusieurs rares. Très belles épreuves (sept *coloriées*).

577. Marie-Antoinette, par Le Beau, et portrait médaillon anonyme — Louis, Dauphin de France, né en 1781 (chez Crépy) — Elisabeth de France, d'après Guiard — Louis Phil. Joseph, Duc d'Orléans, par A. Sergent (imprimé en 2 tons), et chez Le Vachez. Ensemble 6 planches. Très belles épreuves.

578. Louis, Dauphin de France (Louis XVII). Sept pièces par Canu. 1792, Bonneville, Fontana, Gabrielli, etc. Belles épreuves (une *imp. en couleurs*).

579. Famille de Louis XVI, 5 portraits dans un grand médaillon — Famille Royale (à Paris chez Noël) — Mnemosin dis Gottin des Gedachtnisses... — Louis XVII, né à Versailles — Premier hommage des habitants de Paris à la Famille Royale. Cinq pièces (2 *coloriées*).

580. Famille Royale de France — M^r^ Frère du Roi, le Prince de Condé, le Comte d'Artois (chez Dumarais) — M^me^, Fille du Roi, et Louis-Charles, P^ce^ R^al^ (chez le Vachez) Louis XVII. 4 petites pièces (une *imprimée en couleurs*, 2 autres *coloriées*). Belles épreuves.

581. Louis XVI — Marie-Thérèse, fille de Louis XVI — Duc d'Enghien — Prince de Condé — Louis XVIII — Duc de Berry — Duc d'Angoulême, 2 pl. — D^sse^ d'Angoulême. Ensemble 9 pl. éditées chez Jean ou la V^ve^ Chéreau. Belles épreuves, *coloriées*.

581 *bis*. Louis Charles de France, Dauphin, en armure, par Villeneuve? Superbe épreuve, *impr. en couleurs*. Très-rare.

582. Retour de Varennes — La Reine conduite au supplice — Le Dernier Supplice de Madame Anne Elisabeth, etc. Quatre planches.

583. Louis XVI — Marie-Antoinette — Madame Elisabeth — Monsieur, frère du Roi, sous forme d'animaux. 4 petites pièces rondes. Belles épreuves.

## MAGNÉTISME (Estampes sur le)

584. La Puissance du Magnétisme — L'Heureuse métamorphose — Phénomènes du Mesmerisme — Le Doigt magique — Les Effets du Magnétisme... animal — Le Baquet magique — Portrait de Mesmer. Sept pièces. Belles épreuves (*3 coloriées*).

## MALLET (d'apr. J. B.)

585. La Sonnette ou le Déjeuner interrompu, par L. Guyot. Très belle épreuve *avant toute lettre, impr. en couleurs*. Très rare.

## MARTINI (P. A.)

586. Coup d'Œil exact de l'arrangement des peintures au Salon du Louvre, en 1785 — Lauda-Conatum, exposition au Salon du Louvre en 1787. 2 pl. (plis, la 1re remmargée).

587. *Portraits of their Majesty's and the Royal Family, viewing the Exhibition of the Royal Academy* 1789. (Avec la planche explicative (légères restaurations).

## MONSALDY et DEVISME

588. Vue du Salon de l'An IV — Vue du Salon de l'An VII. 2 planches à *l'état d'eau-forte.*

589. *Vues des Ouvrages de Peinture des Artistes Vivans Exposés au Museum Central des Arts en l'An VIII de la R. F.* Deux pièces. Superbes épreuves, à toutes marges.

## MOREAU LE JEUNE (J. M.)

590. Le Festin Royal — Le Bal Masqué. Deux pièces, d'après P. L. Moreau. Belles épreuves de la collection Soulavie (ont été pliées, légères épidermures).

591. Place de Louis XV (404). Très belle épreuve avant le nom de Tilliard.

## MOREAU LE JEUNE (d'apr. J. M.)

592. MONUMENT DU COSTUME PHYSIQUE ET MORAL DE LA FIN DU XVIIIe SIÈCLE. — A Neuwied sur le Rhin, chez la *Société Typographique*, 1789, 1 vol. grand in-fol. demi-veau (dérelié). Bel exemplaire comprenant le texte et les 26 planches de Moreau le Jeune (1 par Freudeberg).

593. La Foire de St Cloud, par N. de Launay — Promenade de Longchamp — La Barrière de Passy, par J. J. Hubert. 3 vignettes. Belles épreuves.

## MOREAU LE JEUNE (J. M.) — DUCLOS (A. J.)

594. Exemple d'humanité donné par Madame la Dauphine le 16 8[bre] 1773 — Retour de Chasse. Deux pièces par Martini, Godefroy et Duclos, se faisant pendants. Superbes épreuves.

## NÉE et MASQUELIER

595. Les Garants de la Félicité publique, d'apr. St Quentin. Superbe épreuve, toutes marges.

## OPTIQUE (Vues d')

596. Vue d'optique. Réunion de 230 planches *coloriées*, en majorité relatives à Paris et ses environs. Belles épreuves.

597. Vues d'Allemagne, d'Angleterre, d'Espagne, de Hollande, d'Italie, d'Amérique, etc. 180 pl. Belles épreuves, *coloriées*.

## PATAS

598. *Ouverture des Etats Généraux à Versailles, le V Mai M. DCC. L. XXX. IX.* Très belle épreuve.

## PERNET (d'après P.)

599. IIe Attaque de la Bastille (chez Lecampion) — Démolition de la Bastille. 2 très petites pièces de forme ronde, par Roger. Trois pièces. Très belles épreuves, *imp. en couleurs*.

600. Vue, prise et démolition de la Bastille. Trois petites pl. de forme ronde, par Roger. Très belles épreuves, *imp. en couleurs*.

## PETIT (Simon)

601. Lisez le Journal, 16 floréal an II. Très belle et très rare épreuve, *imp. en couleurs.*

## PIÈCES HISTORIQUES

602. Portrait Véritable de l'Homme au Masque de Fer. 2 épr. (une coloriée) — L'Homme au Masque de Fer. 3 pièces. Belles épreuves.

603. *Louis XV rend la liberté à ceux qui restoient disgraciez fugitifs, exilés, ou prisonniers pour les affaires de l'église* (1715) — L'Entrée de Marie-Anne Victoire, infante d'Espagne, à Paris, 2 Mars 1722 (chez J. Maillot). Rare. — Décoration du throne élevé au Balcon de l'Apartement de l'Infante, en réjouissance du Mariage de Madame, avec Dom Philippe II, 29 Aoust 1739 (chez Baillieul et chez Le Bas). Trois pièces. Belles épreuves.

604. Le Sacre de Louis XV, Le Couronnement de Louis XV (à Reims, le 25 Oct. 1722), 2 planches (chez Chiquet) — Entrée de Louis 15 dans la Ville de Reims (chez Demortain). 3 planches. Belles épreuves.

605. La Glorieuse entrée du Nonce à Paris, Aoust 1732 (passage devant la Bastille). Belle épreuve.

606. Seconde évasion de la Bastille de Mr de Latude, nuit du 25 au 26 Févr. 1756 (chés Bance). Belle épreuve.

607. L'Horrible attentat du 5 Janvier 1757 (par Damiens). Très belle épreuve.

608. Observations Curieuses sur l'état et le Gouvernement de France, grande planche de texte avec le portrait de Louis XV (chez F. Jollain).

609. Place des Victoires, publication de la paix signée à Aix-la-Chapelle, Nov. 1748 — L'Heureux Accouchement de Mme la Dauphine, 26 Aoust 1756 — Exemple d'Humanité donné par Mme la Dauphine, 16 8bre 1773. Trois pièces. Belles épreuves (1 sans marges).

## POILLY (Fr. de)

610. *Le Roi Louis XV tenant son lit de Justice... le 12me Septre 1715,* d'apr. F. Delamonce. Belle épreuve.

## PROVOST

611. Le Cabaret de Jean Ramponeau. Deux pièces formant pendants. Très belles épreuves.

611 *bis*. Les mêmes pièces. Très belles épreuves.

## RESTOUT Fils (J. B.)

612. La France sauvée, allégorie relative à l'avènement de Louis XVI (P. de B. 4) — Le Retour du Parlement (5). Deux pièces rares, attribuées parfois à G. de St Aubin. Très belles épreuves.

---

# RÉVOLUTION (Estampes relatives à la)

613. Vue de la procession des Etats Généraux, à Versailles, le 4 mai 1789. Très belle épreuve, *tirée en bistre*.

614. Soirée du 30 Juin 1789. Deux planches, *coloriées*.

615. Evenement du 12 Juillet 1789, le Prince de Lambesc entrant dans les Tuileries — L'Assemblée des Etats Généraux — Le Généreux dévouement de L. P. J. d'Orléans — Les Motionnaires au Café du Caveau, etc. Douze planches (5 *coloriées*).

616. La Journée mémorable du Mardi 14 Juillet 1789. Deux belles épreuves, une *imp. en couleurs*, la seconde *tirée en bistre*.

617. L'Heure Première de la Liberté, par L. Carpantier — Le même sujet, en réduction par Vinkeles et Vrydag, d'après Bulthuis (épr. avant le titre) — Henri Masers de Latude, peint et gravé par Vestier. 3 planches (2 *coloriées*).

618. Le Peuple devant l'Hôtel de Ville, 14 Juillet 1789 — Le Triomphe de la Liberté, par Gillray — La Place de Grève le jour de la Prise de la Bastille, grand placard, 2 épr. (en noir et sanguine) — La Journée à jamais mémorable 17 Juillet 1789, etc. 6 planches (la 1re imprimée en couleurs).

618 *bis*. Le Prince de Lambesc aux Tuilleries — 1re Attaque de la Bastille — Démolition de la Bastille, 12 Aoust 1789 — Delaunay gouverneur de la Bastille pris et conduit à l'Hôtel de Ville. Quatre pièces, par Guyot. Belles épreuves, les trois premières *imprimées en couleurs* (une rehaussée), la dernière à l'état d'eau-forte (remmargée).

619. La Bastille. Cinq petites pièces de forme ronde, par Guyot et anonyme. Belles épreuves, *imp. en couleurs.*

620. Prise de la Bastille, 3 pl. in-fol. par C. Thevenin ou publiées par Basset et Mondhare. Belles épreuves (2 *coloriées*).

621. Prise de la Bastille. Six pièces par P. F. Germain, Le Campion et anonymes. Très belles épreuves (2 tirées en bistre).

622. Prise de la Bastille, 12 pl. par Janinet, Girardet, Gentot. Belles épreuves (4 *coloriées*).

623. Prise et démolition de la Bastille. Deux pièces par Deny, se faisant pendants. Très belles épreuves de la collection Soulavie.

624. *Vue et perspective de la Lanterne à la Journée du 14 Juillet, jour de la prize de la Bastille.* Très belle épreuve, *tirée en bistre.* Rare.

625. Vue Prise du Second Pont-Levis (par Guyot) — Vue du Coin du Boulevard (par Bornet, d'apr. Gudin) — Plans de la Bastille — Démolition du Château de la Bastille — Adieu Bastille — Prise de la Bastille — Vainqueur de la Bastille. Ensemble 21 pièces. Belles épreuves (9 *coloriées*).

626. Unité, Fraternité — Les Thuilleries, ou château National — Attaque de la Petite Bastille (chez Villeneuve) — P[t] du brave Herné, qui a arrêté le gouverneur de la Bastille — Signe de ralliement des chevaliers du Poignard, etc. Cinq planches. Belles épreuves (1 *imprimée en 2 tons*, 4 *coloriées*).

627. Repas des Gardes du Corps, 31 sept. 1789. Très belle épreuve, *coloriée.*

628. Oh bravo Mesdames, c'est donc votre tour — Offrande à la Patrie (chez Girard) — Arrivée du Roi et de la Famille Royale à Paris, 6 Oct. 1789 — Mr Bailly, maire de Paris, présentant au Roi les clefs de la Ville..., etc. Six pièces, la deuxième *imp. en couleurs* (4 *coloriées*).

629. Fête de la Fédération, 14 Juillet 1790. Huit pièces par Monsaldy (épr. d'états), Berthault, Meusnier et anonymes. Belles épreuves (3 *coloriées*).

630. Fête de la Fédération, au Champ-de-Mars, le 14 Juillet 1790. Sept pièces par Sergent, Gentot, Girardet, Giraud le jeune, Belles épreuves (3 *coloriées*).

631. Fête de la Fédération, au Champ de Mars, le 14 juillet 1790. Dix-sept pièces. Belles épreuves, *coloriées*, plusieurs rares.

632. Vue de la Fête donnée sur la Place de la Bastille — Cérémonie de la Confédération Nationale, 14 juillet 1790 — Portraits de Bailly, Necker, Mirabeau — Liberté des Entrées aux Portes de Paris, 1er May 1791 — La Tour du Temple, etc., etc. Ensemble 20 pl. (4 *coloriées*, 1 imp. en deux tons).

633. *Chevaliers du Poignard désarmés par Ordre du Roi au Château des Thuilleries, le 28 Février 1791.* Deux pl. diff. Très belles épreuves, *coloriées.*

634. Ordre du Çortège pour la Translation des Mânes de Voltaire, le lundi 11 juillet 1791. Très belle épreuve, *coloriée.*

635. *Fondation de la République, le 10 août 1792* (Prise des Tuileries). (A Paris, chez Basset). Très belle épreuve de la collection Soulavie.

636. Journée du 10 Aoust 1792. Trois pièces, par Villeneuve, Jourdan et anonyme. Belles épreuves (1 *coloriée*).

637. Conquêtes de la République Française, 2 pl., par Le Beau, d'apr. Desrais, 1792 — Beaurepaire à Verdun — Chalier partant de sa prison pour aller au supplice — Chenard, par Copia, d'apr. Boilly — La Trinité républicaine, etc. 10 pl. Belles épreuves (2 *coloriées*).

638. Vue du Champ de Mars, 20 Prairial an II, par Tessier — Fête dédiée à la Vieillesse, par Duplessi-Bertaux, épr, avant l., coloriée — Le Culte Naturel, par Mallet, épr. coloriée. Trois pièces. (réparation à la dernière).

639. Fête de l'Être Suprême, le Decadi 20 Prairial de l'An 2e, 5 pl., par Marchand d'apr. Simon, par Charvet, etc. Belles épreuves (4 coloriées).

640. Arrestation de Robespierre — Nuit du 9 au 10 Thermidor, an II — Le 31 May 1793, par Tassaert, d'apr. Harriet. Siège de Lyon, etc. Ensemble 7 pl.

641. Assassinat de Collot d'Herbois — Geoffroy arrête Amiral, assassin de Collot d'Herbois, 2 pl., par Marchand, d'après Desrais — Robespierre amené blessé dans l'Anti-Salle du Comité du Salut Public — Exécution de Robespierre — Mort du Dauphin — Arrivée sur le territoire de Basle de la... fille de Louis XVI..., etc. Ensemble 12 pl. Belles épreuves (3 *coloriées*).

642. Fête Militaire exécutée par les élèves de l'Ecole de Mars... 30 Vendémiaire, an 3e, par Malbeste, d'après Bourjot — Calendrier républicain, an 2 (en 2 ff) — Journée du 18 Fructidor, an V — Cérémonie Funèbre en l'honneur du

G[al] Hoche, 10 Vend., an VI — Affaire arrivée au Camp de Grenelle, nuit du 23 ou 24 fructidor, an IV, etc. Ensemble 13 pl. (4 *coloriées*).

643. Fête de la Fondation de la République, 1er Vendémiaire, an V, 3 pl. différentes, l'une par Berthault, d'apr. Girardet — La Fête des Bonnes Gens — La Petite Pénitente. 5 pl. (4 coloriées, 2 avant la lettre).

644. Fête du 14 Juillet, an IX, vue des 3 théâtres construits aux Camps-Elysées — Fête du 1er Vendémiaire, an X, jeux du mât de cocagne — 14 Juillet 1801 : feu d'artifice, salle de spectacle, Temple construit aux Champs-Elysées, pl. de 4 sujets. Trois pièces coloriées.

645. Le Prince de Lambesc aux Tuileries, par Moreau le jeune — Fête du 14 Juillet, an IX (vue des 3 théatres construits dans le carré Marigny (chez Martinet) — Noms de MM. les Députés de Paris à l'Assemblée Nationale (chez Guyot). 3 pl. Belles épreuves (deux *coloriées*).

646. M. Lucas se disant député, et faisant sa motion au Palais-Royal — L'Effet du Patriotisme — Vue de la Décoration... pour le jour de la Fête de la Confédération... — Vue de la Salle de Walse, aux fêtes du 14 Juillet et 1er Vendémiaire, an X. Quatre pièces. Belles épreuves, *coloriées*.

647. Arrestation de Cecilia Renaud — Le jeune Loiserolles dormoit — Suicide de Condorcet, 3 pl., par Idnarpila, d'apr. Fragonard — Supplice de Charlotte Corday — Dumouriez arrête Beurnonville — Mort de Marat — Arrestation de Robespierre, etc., 6 pl. par Idnarpila, d'apr. Beys et Barbier. Ensemble 9 pl. (3 *coloriées*).

648. La Galerie historique ou tableaux des Evénemens de la Révolution française, 7 pl., par J. Maillard, d'apr. Chateigner — Combat du *Vengeur*, par le Gouaz, d'apr. Ozanne, etc. Ensemble 12 pl.

649. La Constitution lue au peuple français (se vend à Paris, chez Depeuille), 2 épreuves, (une *coloriée*).

650. Les Dix Commendements de la République Française — Sistême astronomique de la Révolution Française — Droits de l'Homme, 2 pl. différentes — Cocarde Royale et de la Liberté — Unité et Indivisibilité de la République — Calendrier perpétuel républicain. Neuf pièces (5 *coloriées*).

651. Figures allégoriques : Liberté, l'Egalité, le Triomphe de la Vertu républicaine, etc. Sept pièces, par Darcis, Gautier,

Mme Demonchy et Lingée. Belles épreuves, *imp. en couleurs* ou *coloriées* (2 doublées).

652. Le Serment à la Constitution (chez J. Chereau) — L'Œil du Génie ; l'Heureuse Administration (sur Necker), 2 pièces, par Guyot et Mle A. Croisier — Le Triomphe de la Liberté — Déclarations des Droits de l'Homme (par Niquet le jeune) — Assignats, etc. Ensemble 8 pl. (plus les assignats) (3 coloriées).

653. La Vérité Triomphante (chez Guyot) — Le Thermomètre du Sans-Culotte, par Guyot — Décadaire des hommes célèbres — Constitution française, etc. Dix pièces. Belles épreuves.

654. Corday (Charlotte), pl. ovale anonyme. Très belle épreuve, *imp. en couleurs*. Très rare.

655. Charlotte Corday, par Tassaert, d'apr. Hauer ; par Roy, d'apr. Brard, Massol, etc. — Marie-Anne...., écrivant sa dernière lettre à son père — Sept pièces.

656. *Caricatures relatives à* La Fayette : La Fayette traité comme il le mérite — L'Armée de Ligne — Epouventail de la Nation — Allégorie, 16 juin 1792 — L'Homme à deux faces — Hôtel de la Liberté, etc. Huit pièces. Belles épreuves.

657. *Caritures et allégories relatives à* La Fayette : Lequel des deux croire — Départ du Général Parisien — Le Marquis de La Fayette — La Nation Française assistée de M. de La Fayette — Projet de l'Etendart de la Liberté... présenté à La Fayette — La France soutenue par Mrs Bailly et de La Fayette. Six pièces. Très belles épreuves, *coloriées* ou *tirées en bistre*.

658. Caricatures relatives à La Fayette : *L'Général vat en guerre — J'use tout mon savon — Le Général à la mode — Le baton de Maréchal qui tombe du ciel au Général — The Frogs who wanted a King* — Mr De la Fayette commandant de la Garde Nationale... — Bon mot d'une Ambassadrice. Huit pièces. Belles épreuves.

659. *Histoire de la République trahie, en 3 volumes* (chez Guyot), petite pièce avec les portraits de La Fayette, Dumouriez et Pichegru. Encadrée.

660. *Le Pelletier de St Fargeau :* Son assassinat, 3 pl., par Dumoulin, Marchand, d'apr. Desrais, Brion — Aux grands hommes, la Patrie reconnaissante (chez Chéreau). 4 pl. Belles épreuves (1 *imp. en couleurs*, 2 *coloriées*).

661. Assassinat de J. P, Marat, gravé par Marchand, d'après Desrais. Belle épreuve, *coloriée.*

661 *bis.* Assassinat de J. P. Marat, par Brion, — Marat, Membre de la Convention Nationale de France, tué... — A la mémoire de Marat, l'ami du Peuple — J. P. Marat, apôtre sanguinaire, traité comme il le mérite. Cinq pièces.

662. La Mort du Patriote Marat — Assassinat de J. P. Marat — Jean Paul Marat, aux grands hommes la Patrie reconnaissante, etc. Sept pièces. (1 coloriée).

663. Mirabeau — Orléans (L. Ph. d') — Riquetti-Cravatte ou les deux n'en font qu'un — Judas Guignard — Acomat — Barnave — Mulot — Fauchet — Luckner, etc. 15 portraits (publiés chez Villeneuve). Belles épreuves imprimées en deux tons.

664. Caricatures et allégories relatives aux Trois-Ordres. Douze pièces. Très belles épreuves (5 *coloriées*).

665. Caricatures et allégories relatives aux Trois-Ordres. Seize pièces. Très belles épreuves, *coloriées* (sauf 3).

666. Caricatures et allégories relatives aux Trois Ordres. Dix-sept pièces. Belles épreuves, la plupart *coloriées.*

667. Caricatures et allégories relatives aux Trois Ordres. Dix pièces. Très belles épreuves, *coloriées* (sauf 2).

668. Le Triomphe des Trois Ordres — Vox Populi — Départ des Trois Ordres pour Versailles — Abus à supprimer, etc. Huit pièces curieuses sur les Trois Ordres. Très belles épreuves, *coloriées* (sauf une).

669. Refrains patriotiques — Constitution de la France — Scène patriotique des Gardes françaises — La Devideuse patriotique — Vive le Roi, Vive la Nation — Vive le Roi, le Parlement et Mr Necker, etc. 11 planches. Très belles épreuves (8 *coloriées*).

670. Convoi de Très-Haut et Très-Puissant Seigneur des Abus, mort sous le règne de Louis XVI, le 27 avril 1789. Belle épreuve, *imprimée en couleurs* et rehaussée.

671. Départ des Femmes pour Versailles — Retour des Femmes de Versailles, 5 octobre 1789. Onze pièces. Très belles épreuves, *coloriées.*

672. Le Grand Abus — La Bonne Justice — Le Fanatisme corrigé — Le Prêtre aristocratique fuyant le serment civique — Françaises devenues libres, etc., Dix sept pl. de forme ovale, éditées chez Villeneuve. Belles épreuves imprimées en 2 tons.

673. Caricatures sur le Clergé et les Ordres religieux, 44 pièces relatives à des évènements des 1er et 2 novembre 1789. Très belles épreuves, la plupart *coloriées.*

674. Caricatures sur le Clergé, les Ordres religieux et l'Abbé Maury. Trente-six pièces. Belles épreuves, la plupart *coloriées.*

675. Caricatures sur le Clergé, la Noblesse et divers personnages. Quatorze pièces. Belles épreuves, *coloriées.*

676. Le Pape brûlé en effigie au Palais Royal — L'Offrande du Vatican ou des Princes — Présentation des hacquenées au St Père, etc. Cinq pièces. Belles épreuves coloriées.

676 *bis.* Caricatures contre le Pape Pie VI, à propos du bref du 9 juin 1791. Neuf pièces. Belles épreuves, la plupart *coloriées.*

677. L'Intérieur du Comité Révolutionnaire (chez Boulet). Très belle épreuve *tirée en bistre.*

678. Les Dégraissés donnant la pelle au .... au dégraisseur, par Marchand — Liberté, Egalité — Un sans culotte, instrument de crimes, dansant au milieu des horreurs — Président d'un Comité Révolutionnaire s'amusant de son art... — Dans la main de Target... etc. Douze pièces (7 coloriées).

679. Polichinelle vainqueur des Aristocrates — Assemblée Nationale — L'Aristocrate — La Démocrate — Liberté de la Presse — Le Nouveau calvaire — La toilette des Nymphes de Versailles. Je vais aux Jacobins — Notre petit boulanger (Louis XVII), etc. 14 pl. Belles épreuves, la plupart coloriées.

680. Le Père Clus, Tranche Montagne, La Mort aux Rats, etc. 32 sujets in-24 — La Contre-Révolution, pot-pourri — Qu'ainsi périsse l'Aristocratie — La Loi et le Roi — Le Propagandier, etc., etc. Ensemble 40 pl. Belles épreuves.

681. Cruautés exercés à Gand, sur les Brabançons (par l'Armée Autrichienne) — La Chute du Despotisme — La Mascarade — Les Aristocrates désespérés d'apercevoir la Fête du 14 Juillet — Les Aristocrates désespérés du 14 Juillet 1790 — Cinq planches. Belles épreuves coloriées (1 réparée).

682. Fuite du Roi à Varennes et son retour à Paris, 21-25 Juin 1791. Treize pièces.

683. Le Doyen des Fermiers Généraux porté par 4 commis... — Discipline Patriotique — Le Bon May ou la vraie fête... — Le ci-devant grand couvert de Gargantua — Ainsi va le Monde, etc., etc. Treize pièces (plusieurs *coloriées*).

684. Journée du 17 Juillet 1791 — Bailly — Don Chabot, député par l'Assemblée pour donner les étrennes à la Nation — Ou alliez-vous Mr l'Abbé — Le Dégel de la Nation — La Bascule Patriotique — La Nation présentant la Constitution au Roi — Gare aux Faux-pas, etc. Vingt pièces. Belles épreuves (plusieurs *coloriées*).

685. Egalité, les porteurs de charbon, comme les chevaliers de St Louis... (chez Queverdo) — La Parfaite Egalité ou la trinité française — La Noblesse tirée d'embarras par le Clergé — Exécution de Mr le Qis de Favras — Que faites-vous ma fille (sur Marie-Antoinette) — Bailly maire de Paris, et sa cocotte — etc. 11 planches. Belles épreuves (7 *coloriées*).

686. A Paris, Dumouriez — Les Aristocrates à Lanternopolis — L'Aristocrate Charlatan — Ah ! ça va mal — Le Sans Culotte, dansons la Camargnolle — etc. Douze pièces (7 *coloriées*).

687. Législateur futur — Le Commencement de la fin — Je perds une tête ; j'en trouve une — Tiré de l'évangile St Luc, Chap. XXI — La Toupie d'Allemagne, etc. 11 planches. Belles épreuves (10 coloriées).

687 *bis*. Constitution de l'Assemblée Nationale, 17 Juin 1789 — Ouverture des Etats Généraux, 5 mai 1789, 2 pl. pl. d'apr. Moreau le Jeune — Le Triomphe de la Montagne — Le Mai des Français ou les Entrées libres — La Journée à Jamais mémorable, 17 Juillet 1789, etc... Six pièces (2 coloriées).

687 *ter*. Le Triomphe de la République, par Alix, d'apr. Boissieux (avant la lettre) — Le Prince de Lambesc aux Thuilleries — L'Accomplissement du Vœu de la Nation, procession de l'ouverture des Etats-Généraux 4 May 1789 — Le 28 Février 1791. 4 planches (une *imp. en couleurs*).

688. Evacuation of Holland and Brabant — Philippe pique — Le Figaro de la Vallée — Grand retour du Ministre Linotte — Chacun son tour — etc. 17 planches (plusieurs *coloriées*).

689. Dernier effort des Jacobins — Casse col des Jacobins — V'la un grand pas de fait — Ça n'ira pas, ça ira — Touchez la Mr l'curé, j'savais ben qu'vous seriais des nôtres ! etc. Dix pièces. Belles épreuves (*une impr. en coul.* et une *coloriée*).

690. Nouvelle poudre à la Maréchal de la Fabrique des Srs Bender... — Duel à Outrance — Nous Verrons qui l'emportera — Bombardement de tous les Trônes de l'Europe — Echantillon de l'Affaire de Mons — etc. Quatorze pièces.

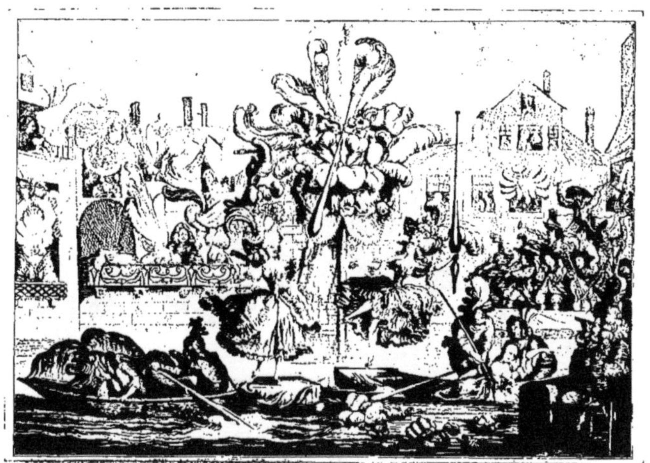

N° 236 du Catalogue.

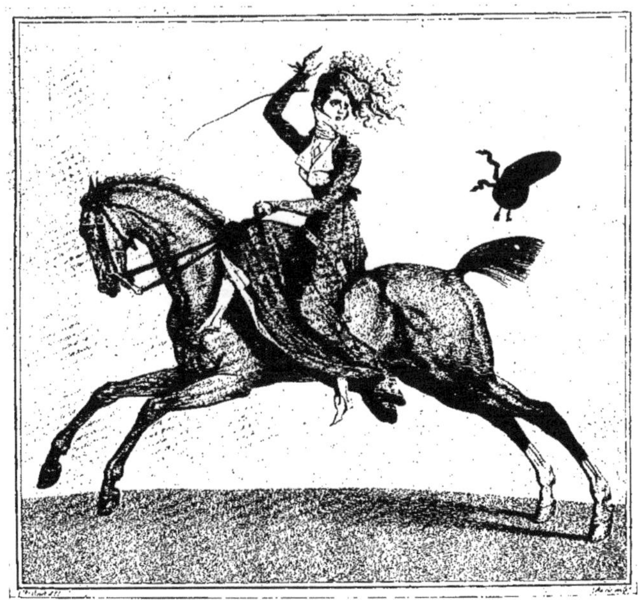

N° 478 du Catalogue.

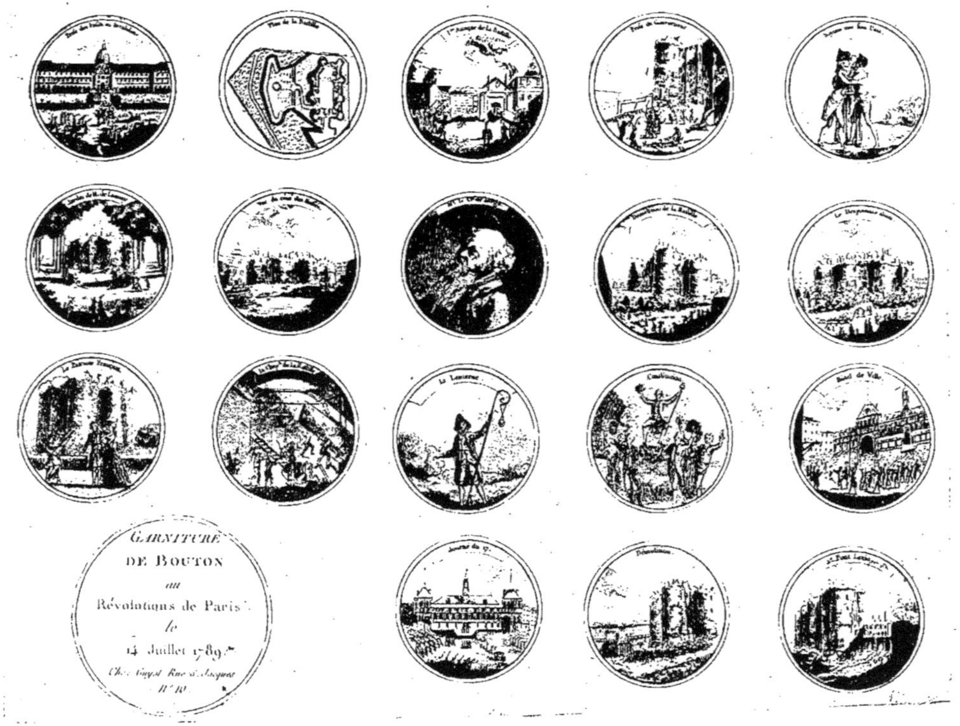

GARNITURE
DE BOUTON
au
Révolutions de Paris
le
14 Juillet 1789.
Chez Guyot Rue St Jacques
N° 10.

N° 451 du Catalogue.

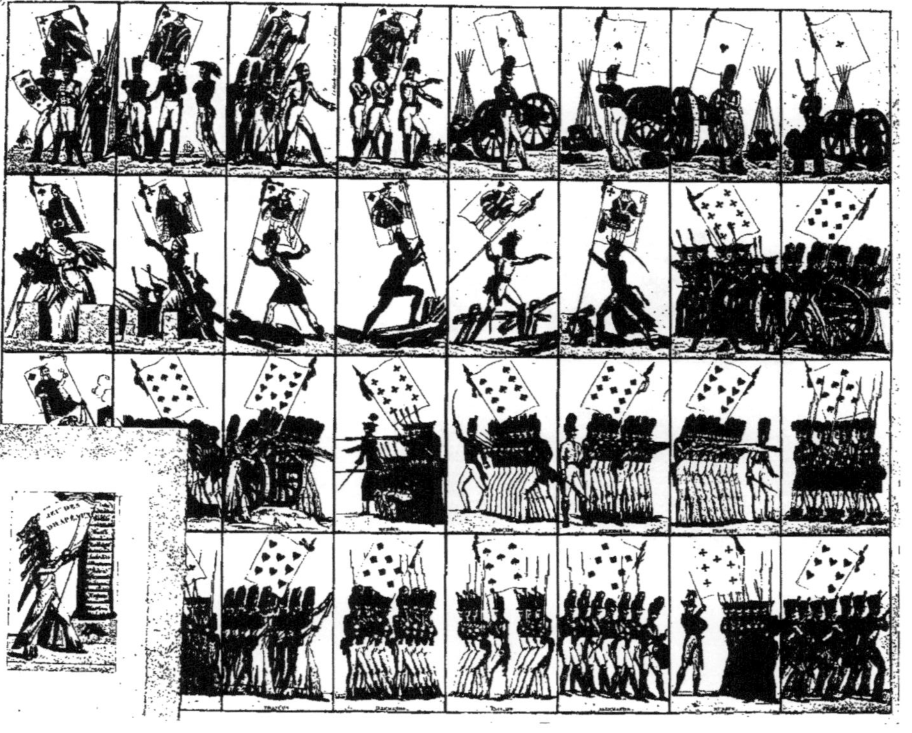

N° 507 du Catalogue.

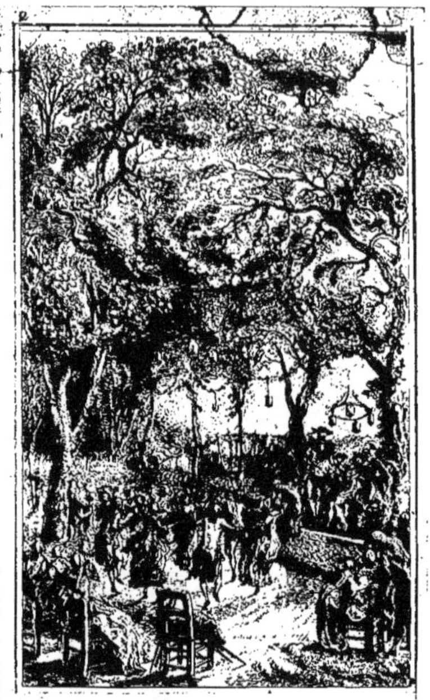

N° 712 du Catalogue.

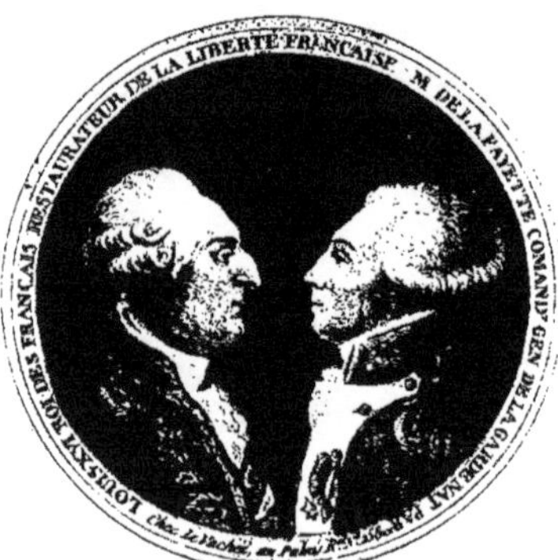


N° 534 du Catalogue.

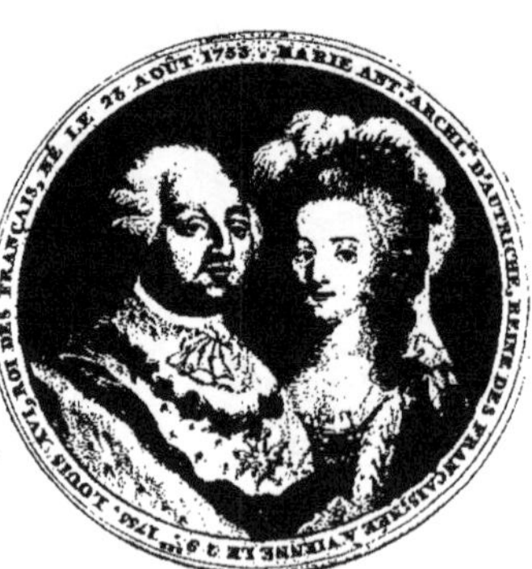


N° 716 du Catalogue.

691. Description du M[t] Gibel, Plat Pays, Mont Parnasse — Comité de l'An Deuxième — La Retirade des François — Patrouille Révolutionnaire — Le Peuple français ou le régime de Robespierre — Les Formes acerbes — Le Roi Esclave — The Offering to Liberty — Colère de Jean Bart à la Porte des Tuileries de Paris — etc. Dix pièces (4 *coloriées*).

692. Enjambée de la Sainte Famille des Thuilleries à Montmidy — L'Enjambée Impériale (de Catherine de Russie) — La Joyeuse Sortie — Les Pelerins de St Jacques — Les Réfractaires allant à la terre Promise — L'Idole Renversée. Ensemble 6 planches. Belles épreuves, *coloriées*.

693. Grand convoi funèbre de Leurs Majestés les Jacobins en leur vivant — Vive Monseigneur le Dauphin — Départ de l'Etat-Major du Pape — Epoque du 30 Floréal l'An 5 — Situation des Malthais, le 24 Prairial An 6e — C'est Incroyable, vingt trois mille prisonniers, etc. Dix-sept pièces. Belles épreuves (7 *coloriées*).

694. Grande Armée du Ci-devant Prince de Condé — La Contre Révolution — Défaite des Contre Révolutionnaires — Envoi d'un supplément d'armée au Prince de Condé — Marche du Dom Quichotte Moderne (le Petit Condé) — Revue Générale du Petit Condé. Sept pièces. Très belles épreuves (6 *coloriées*).

694 *bis*. Procession des Etats Généraux — Convoi des Abus — Costume des Trois Ordres — Le Généreux dévouement de Louis Philippe Joseph, Duc d'Orléans, 3 planches différentes — Le Bonheur imprévu, par Suzanne — Serment prêté dans le Jeu de Paume à Versailles, etc. Quatorze pièces (4 coloriées).

694 *ter*. La Révolution Française, arrivée sous le règne de Louis XVI — A la Nation française, les Protestants reconnaissans, 2 pl. par Duplessis — Le Soleil au signe du Capricorne — Les Mortels sont Egaux. 4 planches. Belles épreuves (2 coloriées).

695. Il voudrait abattre ce qui les soutient — L'Attaque de la Constitution — Le Gazettier de Coblentz — Le Gargantua du siècle a. Six pièces. Belles épreuves (5 *coloriées*).

696. Jeu de Quilles Républicain — La Grande émigration du Roi des Marmottes — Congrès des Rois coalisés — Le Biribi ou la Belle, etc. Six pièces. Belles épreuves (5 *coloriées*).

697. Le Convoi de la Royauté par les Jacobins de Strasbourg — Le Conseil Electoral — Grand Conseil des Emigrans — La Foire

de Coblentz ou les Grands Fantoccini français — l'Abbé Raynal (en délire). Cinq pièces. Belles épreuves, *coloriées.*

698. Emigrand revenant à Paris — Retour de deux émigrans — M^lle de Vieille-Allure — L'Anarchie — Le Vrai Patriote Chabot — Le Neuf Thermidor ou la surprise Angloise, etc. Dix-sept pièces (9 *coloriées).*

699. Le Charlatan Politique ou le Léopard apprivoisé — La Trouée de Grandpré — La Grande Aiguiserie Royale de Poignards Anglais — Combat des Nestes et Marons dindes du Temple — Révolution de Pologne, etc. Six pièces. Belles épreuves (4 *coloriées).*

700. Caricatures diverses. Quinze pièces relatives à Bailly, Bouillé, Péthion, etc. Belles épreuves, *coloriées* (sauf 2).

701. Caricatures relatives au C^te de Narbonne, Philippe-Egalité, Péthion, Talleyrand, etc. Quatorze pièces gravées à l'aqua-tinte. Très belles épreuves.

702. Caricatures relatives à Condorcet, le Cte de Ségur, etc. Onze pièces gravées à l'aqua-tinte. Très belles épreuves.

703. Caricatures et scènes diverses relatives à Mirabeau et à son frère, dit Mirabeau-tonneau. Dix-neuf pièces. Très belles épreuves, la plupart *coloriées.*

704. Caricatures relatives à divers faits et personnages. Quatorze pièces. Très belles épreuves, la plupart *coloriées.*

705. Caricatures diverses. Onzes pièces. Très belles épreuves *coloriées* (sauf une).

## ROBIN DE MONTIGNY

706. Marie-Antoinette d'Autriche, à cheval. Belle épreuve, *coloriée.* Rare.

## SAINT-AUBIN (Aug. de)

707. *Mes Gens ou les Commissionnaires Ultramontains* (389-395). Suite complète de 7 pl. Belles épreuves (n° gratté à 2 pl.)

708. Le Bal paré, par A. J. Duclos (402). Belle épreuve (petite cassure et épidermures).

709. Le Concert, par A. J. Duclos (403). Belle épreuve, *avant* l'adresse de Chereau.

710. L'Heureuse Mère — L'Heureux Ménage — La Tendresse Maternelle — La Sollicitude Maternelle (412-415). Suite de 4 pl., par Sergent, Phelippeaux, Gautier et Morret. Très belles épreuves, *imp. en couleurs.*

711. Tableau des Portraits à la Mode, par P. F. Courtois (378) — La Promenade des Remparts de Paris (copie) — Folies de Carnaval (chez Noël). Trois pièces.

## SAINT-AUBIN (Gabriel de)

712. La Fête d'Auteuil (P. de B. 18). Très belle épreuve.

## LAVALLÉE-POUSSIN (d'après)

713. Bal de St Cloud, par Et. Fessard. Belle épreuve. Encadrée.

## SAINT-SAUVEUR (J. G.)

714. GALERIE DRAMATIQUE, OU ACTEURS ET ACTRICES CÉLÈBRES QUI SE SONT ILLUSTRÉS SUR LES 3 GRANDS THÉATRES DE PARIS, ORNÉE DE 60 PORTRAITS. Paris, *V[ve] Hocquart*, 1809, 2 vol. in-16, fig. coloriées, demi-bradel rouge à coins.

## SCHALL (d'apr. F.)

715. L'Amant surpris — Les Espiègles. Deux pièces par C. M. Descourtis, se faisant pendants. Très belles épreuves, *imp. en couleurs* (légères épidermures, la 1re a une partie des marges salies de colle).

## SERGENT (A. F.)

716. Louis XVI et Marie-Antoinette. Petite pièce anonyme de forme ronde. Superbe épreuve, *imp. en couleurs*, avec rehauts.

717. Marie-Thérèse-Charlotte de France, 1795. Très belle épreuve, *imp. en couleurs.*

718. Le Prince de Lambesc aux Tuileries. Magnifique épreuve, *avant la lettre*, *imp. en couleurs.*

719. Le Peuple parcourant les rues aux Flambeaux. Très belle épreuve, *imp. en couleurs* (légèment frottée).

720. Les Gardes Français repoussant le Royal allemand, 12 juillet 1789 — Le Duc du Chatelet sauvé par les Gardes Françaises, le 13 juillet 1789. Deux pièces. Très belles épreuves, *imp. en couleurs.*

721. Vue du Champ de la Fédération, 14 J^et 1790, d'apr. Bourjot. Belle épreuve, *impr. en couleurs.*

## SLODTZ (d'après M. A.)

722. Bal du May, donné à Versailles pendant le Carnaval de l'Année 1763; par F. N. Martinet. Belle épreuve de la collection Soulavie (a été pliée).

## SMITH (J. R.)

723. Les deux Amies, 1778. Superbe épreuve.

## SWEBACH-DESFONTAINES (d'après)

724. Le Caffée des Patriotes, par J. B. Morret. Epreuve *avant la lettre* (épidermures). Encadrée.

725. La même pièce. Belle épreuve *imprimée en couleurs* (épidermures).

## TAUNAY (d'apr. N. A.)

726. Foire de Village — Noce de Village — La Rixe — Le Tambourin. Suite de quatre pièces, par C. M. Descourtis. Très belles épreuves, *imp. en couleurs* (les 2 premières *avec les armes*, épidermure à une pl.).

## TOUZÉ (d'après)

727. Le Charlatan, par Miger. Belle épreuve.

728. *Vive la Danse et le Pas de trois*, par Allais. Très belle épreuve de la collection Soulavie.

## VILLENEUVE

729. Le Roi, la Reine, le Dauphin — Bonaparte, Cambacérès, Lebrun. Deux pièces se faisant pendants. Très belles épreuves, *imp. en couleurs.*

## VOLTAIRE (Est. relatives à)

730. Habillement de Voltaire, Modes Françaises en 1778, N° 100, par Dupin, d'apr. Desrais (chez Esnauts et Rapilly) — Anecdote Théâtrale de l'Homme Unique à tout âge (couronnement de Voltaire) — Son Portrait, dédié aux hommes libres (chez

Guyot) en bistre — Voltaire transféré à Paris 10-11 Juillet (1791) médaillon en 2 tons. 4 planches. Belles épreuves (1 coloriée).

731. Apothéose de Voltaire (11 Juillet 1791) (Apothéose de Voltaire, Mirabeau Voltaire — Translation des Manes de Voltaire, l'Homme Immortel). Quatre pièces.

## WATTEAU (d'après Ant.)

732. L'Enseigne, par P. Aveline (95). Belle épreuve (a été pliée, petites restaurations). Encadrée.

733. Louis XIV metant le cordon bleu à Mr de Bourgogne, par N. de Larmessin (50). Très belle épreuve (a été pliée).

734. La Signature du Contrat de la Noce de Village, par Cardon (166). Epreuve encadrée.

734 *bis*. L'Accordée de Village, par de Larmessin (98) — La Mariée de Village, par C. N. Cochin. Deux pl. se faisant pendants (148). Encadrées.

## WATTEAU DE LILLE (d'apr. L.)

735. Cris et Costumes de Paris : Le Marchand d'orviétan — Jeune Elégant... — Marchande de Modes — La Marchande d'oranges — La M[de] d'huitres — La M[de] de Bouquets. Suite complète de 6 pl. par Guyot. Très belles épreuves *imp. en couleurs*. Très rares.

## WELLS (John)

736. Prise de la Bastille, le 14 Juillet 1789. Très belle épreuve, *coloriée*.

737. Départ de la Milice Bourgeoise pour Versailles, le 5 octobre 1789 — Entrée du Roi à Paris, le 6 octobre 1789. Deux pièces se faisant pendants. Très belles épreuves, *coloriées*.

## WILLE FILS (P. A.)

738. Petit Waux-Hall, 1780. Très belle épreuve.

739. Le Dentiste ambulant — La Marchande de bouquets — Le Marchand de chanson — Le Marchand de ptisane. Suite de quatre pièces par Berthault. Très belles épreuves, *imp. en couleurs*.

# XIX^e SIECLE

## ADAM (V.)

740. *Album de S^te Pélagie (dette) 12 scènes intérieures*... Publié par Morlot, suite complète de 12 pl. avec texte. 1 vol. in-8 obl. — Proverbes en Actions, chez Aubert, suite complète de 22 pl. en 1 album in-4°, cartonn. d'édition. Ensemble 34 pl. en 2 vol. Belles épreuves.

741. *Le Bien, le Mal*, chez Aubert, suite de 40 pl. color., 1 album — *Cent Jours de la Vie d'un Grand homme*, Paris, Aumont, titre et 6 pl. — *Histoire de France en Tableaux*, suite de 108 sujets, Paris, Aubert, suite complète, titre et 12 pl., avec texte 1 vol. Ensemble 58 pl. en 3 albums, in-4° obl.

742. *Charades Alphabétiques*, Paris, Aubert, titre et 25 pl. (complet), 1 vol. cartonn. d'édition — Scènes et Costumes divers de Carle Vernet, lithographiés par V. Adam, Paris, Aumont, couv. et 12 pl., 1 vol. demi maroq. bleu à coins — *Le Chapitre des Accidents*, par Maurice Alhoy, illustré d'après V. Adam (à Bruxelles), titre, 24 pl. et texte, 1 vol. cartonn. toile d'édition. Ensemble 61 pl. en 3 vol.

743. *L'Equitation et ses Charmes*, 24 pl. en 1 vol. — *Restez chez vous*, 24 pl. Ensemble 48 pl. en 2 albums in-4° oblong, cartonn. d'édition.

744. Scènes Militaires, 1828, Paris, Delpech, couverture (recto) et 6 pl.

## ADAM (V.) — WATTIER

745. Un An de la Vie d'un Jeune Homme, Paris, 1824, titre et suite complète de 17 pl. (en noir) — Un an de la Vie d'une Demoiselle, suite complète de 17 pl. et 2 états ajoutés, épr. color. Ensemble 36 pl. en 1 album in-4°, demi maroq. rouge.

## ADRESSES

745 *bis*. Imprimerie Lithographique de F. Delpech, par C. Vernet (la Boutique d'Aubert), 2 pl,, l'une par Auguste — Repas donné le 7 Mars 1806 par les M^ds d'Estampes de Paris, à Le Clerc — Adresses de Sagot, Th. Belin, etc. — Librairie Ambulante, ou le M^d d'Esprit, etc. Treize pièces. Belles épreuves (5 *coloriées).*

## ALBUM (L')

746. L'ALBUM, *Journal des Arts, des Modes et des Théatres*. Paris. N° 1 (19 Juillet 1821) à n° 136 (25 Mars 1823), 8 tomes 1 à 8, en 7 vol. — *L'Ancien Album*, Paris, N° 1 (25 Novembre 1828), au n° 52 (15 Août 1829), tomes 9 à 11, en 2 vol. Ensemble 9 vol. in-8°, fig., demi chagr. jaune, têtes dorées. Bel exemplaire complet (sauf le texte des n°s 132 à 135). Les n°s de Tomes des 2 derniers vol. sont coupés.

## ALBUMS ET RECUEILS

747. ALBUM *Comique de Pathologie Pittoresque, recueil de 20 caricatures médicales par Aubry, Chazal, Colin, Bellangé et Pigal*, Paris, *A. Tardieu*, 1823. Suite complète de 20 pl. avec titres et texte explicatif. 1 album in-4° oblong, bradel toile marron. Belles épreuves, *coloriées*.

748. *Album Lithographique*, contenant : C. Vernet, sujets de Chasse, 12 pl. — Géricault, chevaux, 4 pl. — Hippolyte Lecomte, 10 pl. — Reinagle (d'apr.), 1 pl. Ensemble 27 pl. en 1 vol. pet. in-fol., demi rel.

749. LE NAIN JAUNE, *ou Journal des Arts, des Sciences et de la Littérature*. A Paris, de l'*Imprimerie de Fain*, du N° 337 (5e Année), 15 Déc. 1814, au N° 379 (5e Année), 15 Juillet 1815 — *Le Nain Jaune Réfugié*, par une société d'Anti-Eteignoirs. Bruxelles, de l'Imprimerie du Nain Jaune, IIIe volume, Année 1816, et IVe volume (et fin), Année 1816. Ensemble 4 vol., fig., demi bradel toile orange, non ébarbés.

750. Album in-fol., contenant de nombreuses caricatures à plusieurs par pages, de Randon, Bertall, Doré, Nadar, Bordes, etc., 1 vol. cart.

750 *bis*. LE FIGARO, *Journal littéraire et d'Art, dessins par Grandville, Daumier, Gavarni, Traviès, H. Monnier*, 1re Année N° 1 (3 Mars 1839), à 2e Année N° 188 (27 Déc. 1840). Deux vol. in-fol., demi rel. veau rouge. (Incomplet du n° 60, 1re Année).

751. *La Caricature* (Bureaux, Rue du Croissant, 16), N° 1 (26 Mars 1850) à N° 131 (31 Juillet 1850), 1 vol. — *Le Caricaturiste, revue drolatique du Dimanche* (bureaux, rue Bergère, 20), 1re Année N° 1 (3 Juin 1849), à 2e Année, N° 57 (30 Juin 1850), collection complète, 1 vol. Ens. 2 vol. in-fol., demi rel.

751 *bis*. ANNALES DU RIDICULE ou scènes et Caricatures parisiennes, Paris, 1815, collection complète des 12 numéros, ornés de 24 grav. coloriées, 1 vol. in-8° cartonné. — LE NAIN COULEUR DE

Rose, journal politique, littéraire et moral. Paris, de l'Imprimerie de Porthmann (et de Poulet). T. I à III (15 Septembre 1815 au 5 Mai 1816). Trois vol. in-8°, fig., cartonn. anciens. Bel exemplaire, contenant 15 pl. Ens. 4 vol.

751 *ter*. Le Magasin Charivarique, *musée comique. Magasin de Charges et de Caricatures*... Paris, Charivari, 1834. 3 fascicules in-4° (dont 2 brochés et 1 relié), contenant 61 pl. diverses.

752. Jaime. *Six sujets de Figures et Marines*. Paris, Delpech, frontispice et suite complète de 6 pl. — *Mésaventures, par P. A. D.*, chez Gihaut, suite de 6 pl. coloriées, numérot. 1 à 6 — Francis, *Esquisses Parisiennes*, 4 pl. color., etc. Ensemble 20 pl.

753. *Le Musée pour Rire, dessins par tous les Caricaturistes de Paris, texte par MM. Maurice Alhoy, Louis Huart* et *Ch. Philipon*. Paris, *Aubert*, 1839-1840 (T. I à 3), en 3 vol. in-4°, fig., demi rel. basane.

753 *bis*. *La Lanterne Magique d'Aubert*, par V. Adam, Alophe, etc., couv., titre, front. et 72 pl., 1 vol. — *Musée Comique, toutes sortes de choses en image*, collection complète des 20 livraisons, 1 vol. — *Le Musee Aubert*, 2 alb. différents, in-12 oblong. Ens. 4 vol. en cartonn. d'édition.

753 *ter*. *Museum Parisien, histoire... de toutes les bêtes curieuses de Paris..., texte par M. L. Huart, 350 vignettes par MM. Grandville, Gavarni, Daumier, Traviès, etc.*, Paris, *Beauger*, 1841, 1 vol. in-8, demi chagr. bleu à coins, tête dor. non rogn.

754. Marcelin : *le Tabac et les Fumeurs*, 25 pl. (y compris le titre), 1 vol. — Quillenbois : *Cours de Danse Moderne*, suite de 12 pl. color., 1 vol. — Berr : *l'Amour à Paris*, Paris, Aubert, titre et suite complète de 20 pl., 1 vol. — Damourette : *les Chattes Parisiennes*, Paris, Aubert, suite complète d'un titre et 20 pl., 1 vol. — Album Marcelin, 1840. Ensemble 5 vol. in-4°, demi rel. ou cartonn. d'édition.

754 *bis*. *Paris au Dix-Neuvième Siècle, recueil de scènes de la vie Parisienne, dessinées d'après nature par V. Adam, Gavarni, Daumier, Bouchot*, etc. 48 dessins et 200 vignettes sur bois, avec texte descriptif. Paris, *Beauger*, 1841, in-4°, demi rel. Bel exemplaire.

754 *ter*. *Paris Comique, livre album, dessins de MM. de Beaumont, Cham, Daumier, Gavarni, Monnier, etc.* (chez Aubert), collection complète des 20 n$^{os}$ en 1 vol. in-fol., demi chagr. rouge, couvert. — Paris Comique : Revue Amusante, texte par Huart, Michelant, etc..., dessins comiques, par MM. Bou-

chot, Cham, Daumier, Gavarni, Grandville..., Paris, Aubert, (1843), in-4°, cartonn. d'édition. Très bel exemplaire. Ensemble 2 vol.

755. *Musée ou Magasin Comique de Philipon, contenant près de 800 dessins par MM. Cham, Daumier, Gavarni, Grandville, Lami*, etc., *texte par MM. Bourget, L. Huart, etc.* Collection complète, 2 tomes en 1 vol. in-fol., demi chagr. rouge à coins. — *Bibliothèque pour Rire, les Physiologies parisiennes* (chez Aubert), collection complète avec couv., 1 vol. in-fol., figures, demi bradel toile verte. Ens. 2 vol.

755 *bis*. La Charge, *ou les Folies Contemporaines, recueil de dessins satiriques et philosophiques...* Paris, (7 Octobre 1832 à 9 Février 1834). Ensemble 71 nos texte et 73 planches (non compris des états), en 1 vol. in-4°, demi maroq. bleu à coins, tête dor., non rogn.

755 *ter*. *La Revue Comique à l'usage des gens sérieux, texte par A. Lireux, L. de la Bedollière, Gerard de Nerval, etc., dessins par Bertall, Lorentz*, etc. (Nov. 1848 à Déc. 1849), 2 tomes en 2 vol. in-4°, demi bradel toile jaune, couv. cons.

756. Saudeur (J.) : *Le 13e Arrondissement*, suite de 18 pl. color., 1 vol. — Baric : *Quand on a Femme et Enfant* (Paris, A. de Vresse). suite de 20 pl. en noir (y compris le titre), 1 vol. — Quillenbois : *Prophéties Charivariques*, titre et 20 pl., *color.*, 1 vol. — Girin : *Le Secret de Polichinelle*, titre et 18 pl., *coloriées*, 1 vol. Ensemble 78 pl. en 4 vol. in-4°, cartonn. d'édit.

756 *bis*. *Looking Glass (The), or monthly sheet of Caricatures*, London, *Thomas Mc Lean*, N° 1 (1st Jan. 1830), à N° 84 (1st Déc. 1836), 7 vol. in-fol., fig., demi maroq. rouge à long grain à coins, tr. dorées, dos ornés. Publication complète des Nos 1 à 84, renfermant 350 pl. de caricatures, *coloriées*.

## ALKEN (Henry)

757. *Symptoms of being amused*. Vol. I. London, *Th* *Mc Lean*, 1822, front. et 39 pl., *coloriées* (sur 42). 1 vol. in-4° oblong, demi maroq. brun à long grain, tr. dorées (déchirures à 3 pl.).

757 *bis*. Diorama Anglais *ou promenades pittoresques à Londres*, par M. S... (J. B. Sauvan), ouvrage orné de 24 pl. (attribuées à Cruikshank), *Paris*, *Didot l'aîné*, 1823, in-8°, fig., demi maroq. vert à long grain, à coins. Bel exemplaire.

## ALLIÉS ET LES ANGLAIS (Pièces sur les)

758. La Pudeur alarmé (sic) ou les Amours Prussiens — La Manière de faire deux Heureux — Bivouac Anglais aux Champs-Elysées — Le Ridicule saisi — L'Anglaise à Tivoli — Le nouveau Pâris ou l'Amour à l'Anglaise. Six pièces. Très belles épreuves, *coloriées.*

758 *bis.* Les Alliés à la Rotonde du Palais-Royal (à Paris, chez Basset). Belle épreuve, *coloriée.*

759. Ah! fi donc ou les avances en pure perte — Je vous en ratisse — Ce qui vient de la flûte .. — Délassements militaires — Galanterie à la Brunswickoise, etc. Huit planches. Belles épreuves, *coloriées.*

759 *bis.* Le Russe prenant une leçon de grace à Paris — Le Premier pas d'un jeune officier cosaque au Palais-Royal — Les Adieux au Palais-Royal — Le Bivouac des Cosaques — La Cuisine des Cosaques, etc., 14 planches. Belles épreuves (12 *coloriées*).

760. Les Anglais au Caffé Borel, par N. — Les Anglais à l'Estaminet — La Taverne Anglaise — Les Anglais au Salon de 1814 — Femme à Vendre, etc. Onze planches. Belles épreuves, *coloriées.*

761. L'Anglais en bonne fortune — Famille Anglaise en Voyage — L'Anglais et le Français ou chacun son goût — Trait de Sensibilité, etc. Douze planches. Belles épreuves, *coloriées.*

762. Débarquement d'anglais à Calais pour Paris — La Famille anglaise au Museum à Paris — Leçon aux Etrangers — Mon mari il est à zéro — Les Meringues du Perron — Milord Bouffi payant sa carte à M• Veri, etc. Douze pl. Belles épreuves, *coloriées.*

763. L'Embarras du Choix ou les Anglais au Palais-Royal — Le Quart d'heure de Rabelais, au Palais-Royal — Les Dames Anglaises après-dîné — L'Après-Dinée des Anglais — Les Milords Pouffes à Paris, etc. Treize planches. Belles épreuves, *coloriées.*

764. La Famille Anglaise au Museum à Paris — Les Anglais en Bourgogne — Marons Rotis — Le Repas du Chat — La Marchande de Marrons, etc. Onze planches. Belles épreuves, *coloriées.*

765. Sa Grace Lord Bouffe-trop visitant son garde-manger — Amusements des Anglais à Paris — Lord-Nière — Les Anglais au Canal de l'Ourc — Réunion de Dames anglaises, etc. Onze planches. Belles épreuves, *coloriées.*

766. Le Souper pour Rire — L'Ordonnance éludée — Les Anglais chez ma tante à Bruxelles — L'Amant trahi ou la déclaration interrompue — Ah ! quelle tournure — Cours de politesse et de belles manières — Voilà les Anglais, etc. Onze planches. Belles épreuves, *coloriées*.

## AUBRY (Ch.) — LECOMTE (H.)

767. *Les Jeux de l'Enfance*. Paris, F. Delpech, s. d. (1824). Couverture et 8 planches, *coloriées*.

## AUGRAND (Parfait)

768. La Blanchisseuse — La Repasseuse — La Belle Limonadière — La Coiffeuse — La Bouquetière — La Frileuse — La Brodeuse — La Cardeuse — La Dévideuse — La Bordeuse — La Tricoteuse. Onze pièces, *imp. en couleurs*, la plupart en très belles épreuves.

## AUTOMOBILES ET LES VOITURES A VAPEUR
## (Est. sur les)

769. *The " Enterprise steam Omnibus, built by Mr Walter Hancock, commenced running Apr. 22d 1833*, par Hunt d'apr. W. Summers (Ackermann 1833). — *Patent Steam Carriage by W. H. James, engineer* (1828) — *Dr Church's London & Birmingham steam coach*, 1833. Trois planches. Belles épreuves (la 1re *coloriée)*.

770. *Gurney's new steam carriage — Enterprise, voiture à vapeur fesant le service de Londres à Paddington*, par A. Ribault — *The New Steam Carriage — The Steam Coach — The Steam Coach* (texte recollé). Cinq planches. Très belles épreuves, *coloriées*.

771. *Alken's (H.), illustration of modern prophecy, or Novelty for the Year*, 1829, 2 planches — *Going it by Steam*, par Shortshanks — *Someting wrong — An unexpected arrival by steam*, par Shortshanks. Cinq planches. Très belles épreuves, *coloriées*.

772. *New Principles, or the March of invention — Scientific pursuits or hobby-horse races*, par Th. Lane — *The Progress of Steam, alken's illustration of modern prophecy — Dampfwagen und dampfpferde im Yahre 1942 im Prater in Wien* (Satyrische Bilder). Cinq planches. Très belles épreuves, *coloriées*.

773. *A Sketch of M^r Gurney's new steam carriage*, 3 lithogr. édit. par Dickinson (1829) — *Den Ridder Kesfels, commandant van de Stoomwalvisch... — Hyde Park as it will be — Enterprise, voiture à vapeur de Londres à Paddington*, par A. Ribault. Six planches. Belles épreuves, *coloriées*.

774. *Neue-Erfindung* n° 11, *dampfpflug womit man ohne Muhe... umpflugen kan — Diligence à vapeur du D^r Church, sur la route de Birmingham — Velocifero a vapore del dott. Church* (Milano, G. Vallardi) — *Voiture à vapeur* (1833) — *Steam carriage going up hill to Barnet*, 1828 (publ. by Dickinson) — *Le Protée, Remorqueur à vapeur de MM. Dietz et Hermann*. etc. Huit planches (5 *coloriées*).

775. *The New Steam Carriage*, par Pyall, d'après G. Morton — *Gurney's new steam carriage*. Deux planches. Belles épreuves, *coloriées*.

776. *Pat's comment on Steam Engines, par Tharpshooter*. — Locomotion, 2 planches par Seymour et Shortshanks — *Heaven and Earth*, par Seymour (1830) — *Humorous Scraps*, par H. Reath. Cinq planches. Belles épreuves, *coloriées*.

777. *Steam Carriage for common roads patented 1833 by John Squire and Francis Macerone — Voiture à vapeur, propriété de M^r le Chev^r Dasda* (1835) (par A. Tissier) — *Gordon's New Patent steam Carriage* (1828), etc. Cinq planches (3 *coloriées*).

778. Documents divers sur les voitures à vapeur, 15 pièces.

## BEAUMONT (Ed. de)

779. *Au Bal Masqué*, couv., titre et 30 pl. en 1 vol. — *Croquis de Carnaval*, suite de 15 pl., 1 vol. — *Naïvetés*, 9 pl., 1 vol. Ensemble 55 pl. en 3 vol. in-4°, demi chagr. rouge à coins. Belles épreuves.

780. *Fariboles*, 215 pl. numérotées de 1 à 208, en 2 vol. in-4°, demi chagr. rouge à coins. Belles épreuves.

781. *Les Jolies femmes de Paris*, couverture et 32 pl., en 1 album in-4° demi chagr. rouge à coins. Belles épreuves.

782. *Nos Jolies Parisiennes*, couv., titre et 30 pl., *coloriées*, 1 vol. — *Le Quart de Monde*. 32 pl., 1 vol. — *Les Vésuviennes, ou les Soldats pour rire*, titre et 20 pl., *coloriées*, 1 vol. Ensemble 84 pl. en 3 vol., demi rel. Belles epreuves.

783. *Croquis de Chasse* (1^re série), n^os 1 et 2 — *Croquis de Chasse* (2^e série), n^os 1 à 8 — *Croquis de Chasse* (3^e série), n° 4 — *Croquis d'Eté*, n^os 2, 5, 8, 14. Ensemble 18 pl. Belles épreuves.

## BERGERET (P. N.)

784. Les Musards de la rue du Coq. Très belle épreuve, *coloriée*. On y a joint une copie en réduction, soit deux pièces.

## BERRY (Est. relatives au Duc et à la D^sse de)

785. Scènes de la Vie de la D^sse de Berry — Assassinat du Duc de Berry, 15 pièces. Belles épreuves.

## BON GENRE (Le)

786. *Observations sur les Modes et les Usages de Paris, pour servir d'explication aux 115 Caricatures publiées sous le titre de BON GENRE depuis le commencement du Dix-neuvième siècle.* — Paris, 1827 — texte et suite complète de 115 pièces en très belles épreuves, *coloriées* — 1 vol. petit in-fol. cart.

On a joint à cet exemplaire : 2 états de la pl. 1 — pl. 11 (différente) — pl. 12 (2 différentes) — pl. 14 (différente) — pl. 15 (différente) — pl. 50 (1^er état) — 61 (1^er état) — 65 (état) — 80 (1^er état), soit ensemble 126 pièces.

## BOSIO (D.)

787. Promenade aux Tuileries, lithographie in-fol. Très belle épreuve, *coloriée*. Rare.

## BOSIO (d'après D.)

788. Bal de l'Opéra. Belle épreuve, *coloriée* (pli).

789. Bal de Société. Belle épreuve, *coloriée*.

790. La Bouillotte. Epreuve *coloriée* (restauration en marge, pli).

791. La Lanterne Magique. Belle épreuve, *coloriée* (piqûres et trou de ver).

792. Le Coucher des Ouvrières en Linge — Le Lever des Ouvrières en linge. Deux pièces se faisant pendants. Belles épreuves (mouillures).

793. L'Escamoteur, par Ruotte. Très belle épreuve, *coloriée*. On y a joint la copie par Edm. Gosselin, soit deux pièces.

## BOUCHOT (F.)

794. *Les Bonnes Têtes Musicales;* 23 pl. — *Les Malheurs d'un amant heureux,* 12 pl. *coloriées.* Ensemble 35 pl. en 2 vol. demi rel. ou bradel. Belles épreuves.

795. Ce que Parler veut dire. Suite de 30 pl. en 1 album in-4°, demi maroq. brun à long grain, à coins. Belles épreuves, *coloriées.*

796. *Les Fables de La Fontaine* (série avec t. c. rectangulaire) fables 1-2-5-8-9-10. — *Les Fables de La Fontaine* (série de forme ronde) fables 1-4-5-6-9-10-11-13-14. Ensemble 15 pièces. Très belles épreuves *coloriées.*

797. *La Grisette Abandonnée,* pl. 2-3-5-6-7 — *Les Rêves,* 1832. couv. et 6 pl. Ensemble 11 pl. Belles épreuves *coloriées.*

798. *Recueil de Caricatures par Bouchot,* couverture (recto) et 8 pl. en 1 alb. in-4° obl. cart. Très belles épreuves, *coloriées.*

799. *Tribulations de la Garde Nationale.* Suite complète de 27 pl. en 1 alb. in-4 cart. Très belles épreuves, *coloriées.*

## BRACQUEMOND (Félix)

800. Portraits de F. Bracquemond. Quatre pièces par Rajon et Loys Delteil. Très belles épreuves.

801. Robert (Louis), Administrateur de la Manufacture de Sèvres (94). Deux belles épreuves des 1er et 2e états.

802. Arbres dans le Parc de Saint-Cloud (123) 2e états. — Deux gros troncs d'arbres devant un mur (131) — Le Lac du Bois de Boulogne (157). 3 planches. Très belles épreuves (une *signée*).

803. Bachots au bord de la Seine (161). Très belle épreuve. Rare.

804. Essai de gravure à la plume (170) — Essai de procédé Vial (173) — La Seine au Bas Meudon (187) 1er état — Le Bois de Boulogne (158) — Un Soir (168). Cinq pièces. Belles épreuves.

805. La Seine vue de Passy (183) — Le Chemin des Coutures à Sèvres (208) 3e et 4e états. Trois pièces. Très belles épreuves (2 sur japon).

806. La Seine au Bas Meudon (187). Deux très belles épreuves des 2e et 3e états, une *signée.*

807. La Scierie du Bas-Meudon (188). Deux très belles épreuves des 1er et 3e états.

808. Le Pêcheur à l'épervier (189). Deux très belles épreuves des 1er, et 3e états.

809. Les Saules des Mottiaux (190). Très belle épreuve du 1er état.

809 *bis*. La même estampe. Très belle épreuve du 3e état.

810. Rue des Bruyères, à Sèvres (191). Deux très belles épreuves, *d'état différent*.

811. Le Bateau du Teinturier (192), 2 états — Bords de l'Ile Seguin (193), 2 états — Le Canot à voile ponté (194) 1er état. Six pièces. Très belles épreuves.

812. Deux Etudes de Paysages sur la même planche (209-210), 1er et 2e états, soit trois pièces. Très belles épreuves.

813. Au Jardin d'Acclimatation, 1re et 2e pl. (213-214). Cinq très belles épreuves (3 *tirées en couleurs*).

814. La Terrasse de la villa Brancas (215). Série des 7 états, très rare à trouver complète. Superbes épreuves.

815. Vue du Pont des Saints Pères (217) — Paysage d'après Français (278). Deux pièces. Très belles épreuves (la 2e sur japon, *signée*).

816. Trembles au bord de la Seine (218). Très belle et rare épreuve du 1er état, *signée*.

817. Brumes du Matin (779). Très belle épreuve du 1er état, sur japon.

818. Portrait de Bracquemond — Margot la Critique, chalcotypie (114) — Siège de Paris (197-201) 1er état — L'Eclipse. Neuf pièces. Belles épreuves.

819. L'Arc-en-Ciel. Deux très belles épreuves sur japon, *signées*, une *imp. en couleurs*.

820. Janot lapin. Superbe épreuve, *avec dédicace*.

## BRESDIN (Rodolphe)

821. Jésus sur les eaux. Très belle et unique épreuve, du 1er état, *non terminé*.

822. La Revue Fantaisiste, 1861, frontispice et 12 planches. Très belles épreuves sur chine.

823. Sujets divers et Paysages. Dix pièces, essais d'eau-forte, très rares.

824. Sujets divers et Paysages, 9 eaux-fortes et lithographies et 6 photographies. Belles épreuves.

## CAREY (Regine)

825. Monumens de Paris, d'apr. Robert. Belle épreuve *imp. en couleurs*, avec quelques rehauts. Encadrée.

## CARICATURES ET SCÈNES DE MŒURS

826. LA CARICATURE *morale, religieuse, littéraire et scènique* (titre du n° 100 à fin : *La Caricature Politique, morale, littéraire et scènique*). Paris, chez Aubert, 4 Novembre 1830 à 27 Aout 1835, 10 tomes en 9 vol. — L'Association Mensuelle (au Bureau de la Caricature) N° 1 à 24 (complet) plus 2 doubles, soit 26 pl. Ensemble 10 vol. in-fol., fig.. demi rel. à coins.

Importante publication ornée de lithographies (numérotées 1 à 524) par Daumier, Monnier, Grandville, Traviès, Forest, etc.

Bel Exemplaire complet de tous ses titres, tables et planches. La Caricature contient de plus le prospectus, le numéro spécimen avec ses deux lithographies, une table générale extraite de la Bibliographie et 46 doubles ou états.

L'Association Mensuelle, complète des 24 pl. plus 2 doubles, ne contient que les feuilles de texte explicatif des dessins Nos 1, 2, et 4 à 17.

Il a été ajouté un dossier contenant le texte des Nos 1 à 59.

827. LA CARICATURE PROVISOIRE (devenue : *La Caricature, revue morale, judiciaire, littéraire, artistique, fashionable, et scénique; puis La Caricature, revue satirique des modes, des théâtres, etc....*) 1er Novembre 1838 au 31 Décembre 1843. 5 vol. in-fol. demi maroq. rouge à long grain.

Publication ornée de nombreuses lithographies, par Daumier, Gavarni, Vernier, de Beaumont, Platier, Grandville, etc., etc. — Exemplaire bien complet du texte et des planches.

(On y a joint les nos du 1 Nov. 1838 au 31 Mars 1839 en double, en 1 vol.)

828. Apparition de la Fameuse Comète (de 1811).... — Les Observateurs de la Comète, près le Chateau d'eau, 1811 — Les Amateurs d'éclipse, 7 sept. 1820, par C. Vernet. Trois pièces. Belles épreuves, *coloriées*.

829. Départ des remplacés — Arrivée des remplaçans. Deux pièces se faisant pendants. Belles épreuves.

830. Les Etrangers au Caffé Borel; dessiné et gravé par N. — Les Amateurs — Cabinet littéraire des artistes réunis, Palais du Tribunat. Trois pièces. Belles épreuves, *coloriées*.

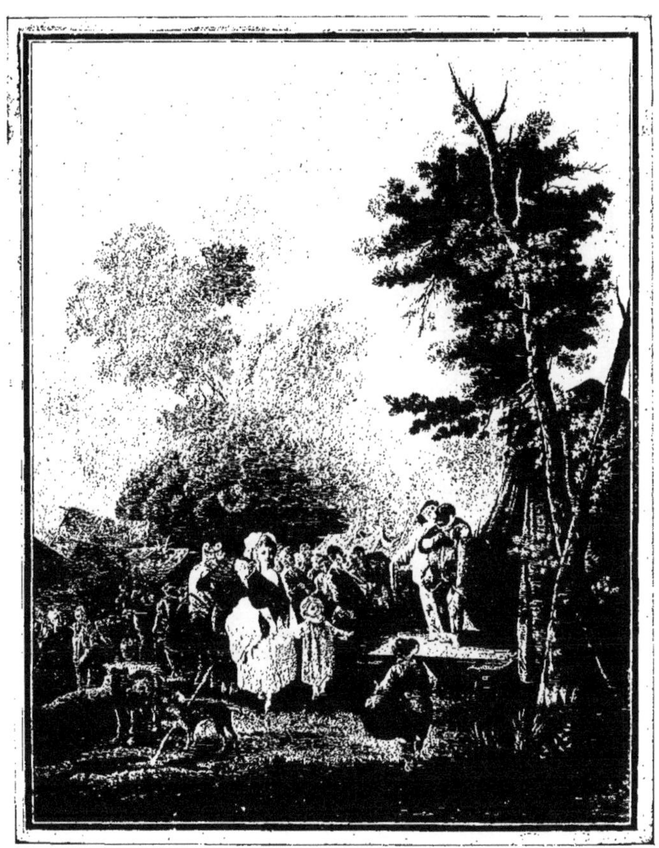

N° 726 du Catalogue.

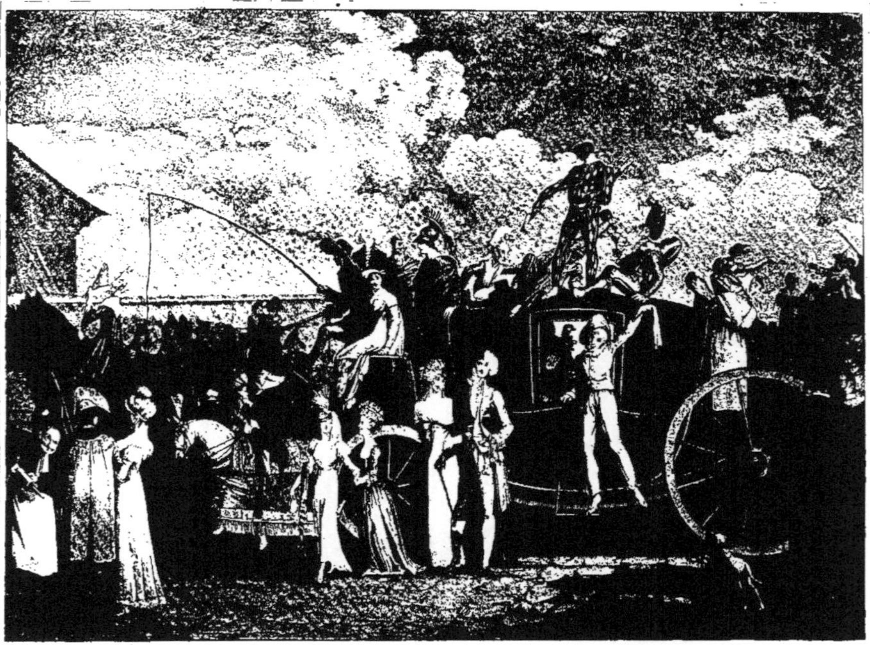

N° 344 du Catalogue.

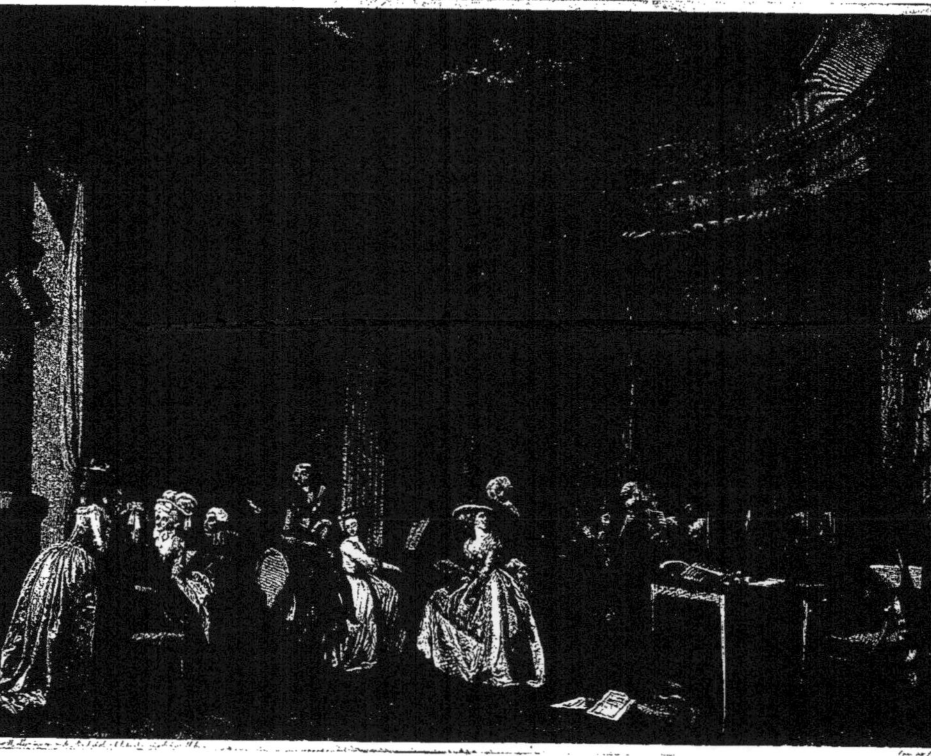

N° 512 du Catalogue.

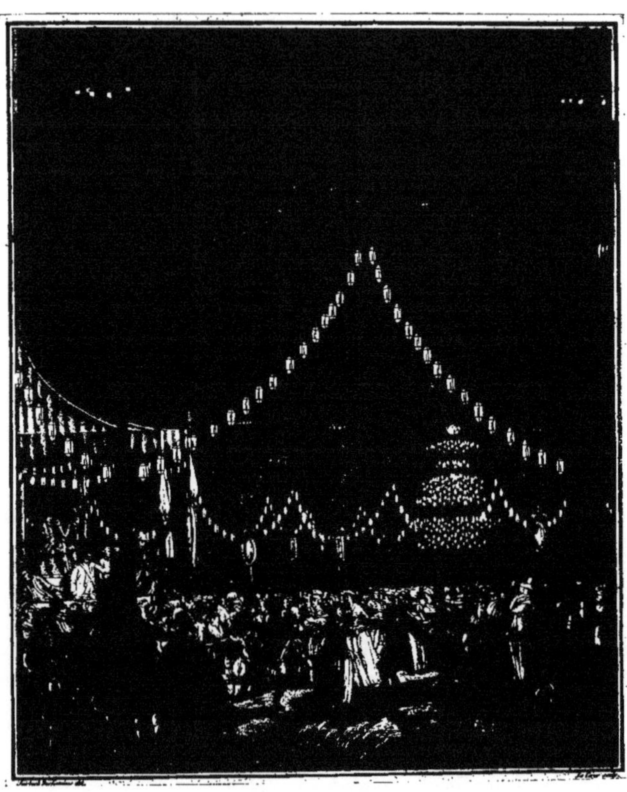

N° 525 du Catalogue.

831. La Galerie du Palais Royal, par G. F., d'apr. S[t] Fal — Le M[d] Turc au Palais Royal ou le désir des Femmes. Deux pièces. Très belles épreuves, *coloriées.*

832. Les Gourmands — Les Joueurs. Deux pièces publiées par Noel et Martinet, se faisant pendants. Très belles épreuves, *coloriées.*

833. *Luxury — Comfort*, 1801. Deux pièces se faisant pendants. Très belles épreuves, *coloriées.*

834. La Marchande de Tableaux ou les Amateurs en plein vent, par Wille fils (très rare) — Le M[d] d'Estampes (chez Genty) — Caricature des Caricatures. Trois pièces. Très belles épreuves, *coloriées.*

835. La Parade — Les Musiciens ambulants. Deux pièces par D. Bertaux?, de forme ronde. Très belles épreuves, *avant toute lettre, non terminées.*

836. La Promenade à dessein (Foyer de la Montansier, Théâtre du Palais-Royal. Très belle épreuve, *coloriée.*

837. La Promenade à la Plaine des Sablons (Mode du Jour n° 11) — Allons à Bagatelle. Deux planches. Belles épreuves, *coloriées.* Encadrées.

838. La Promenade au Jardin du Luxembourg. Belle épreuve, *coloriée.*

839. Une Matinée du Luxembourg — Soirée du Luxembourg — La Matinée des paisibles habitués du Luxembourg. Trois pièces. Très belles épreuves, *coloriées.*

839 *bis.* Soirée amusante de la terrasse du Jardin du Luxembourg — Promenade dans un Jardin public — Galerie du Palais Royal — Café du Jardin de Tivoli — Veillée de la place Royale. Cinq pièces. Très belles épreuves, *coloriées.*

840. Caricatures Parisiennes : La Folie du Jour, n° 1 — Encore Soixante trois Visites — Il faut des Contrastes — Le Bain des Grâces et le bain des maigres — Café du Bosquet, rue St Honoré n° 118 — Les Plaisirs de l'Hiver — Les Modernes, 2 pl. Huit pièces. Très belles épreuves, *coloriées.*

841. *Caricatures Parisiennes* ou *Caricature Parisienne*, 16 pl. publiées sous ces 2 titres. Belles épreuves, *coloriées.*

842. Cafés et Estaminets : Café du Bosquet, rue St Honoré — Le Café du Bel Air — La Belle Liminaudière (sic) — Madame Very, etc., 8 pl. Très belles épreuves, *coloriées.*

843. CARNAVAL (le) : Folies de Carnaval — Promenade des Jours Gras — Folies du Carnaval — Marche de Carnaval — Promenade du Bœuf gras. Cinq pièces. Très belles épreuves, *coloriées*.

844. Pièces sur les Charlatans. Sept planches par D. Bertaux? Roehn, Auger, etc. Belles épreuves (2 *avant la lettre*, 4 *coloriées*).

845. Caricatures relatives au Jour de l'An et aux Etrennes, 9 pl. Très belles épreuves *coloriées* (sauf 3).

846. Caricatures relatives à l'Amour et au Mariage. Vingt-deux pièces. Belles épreuves, *coloriées*.

847. Caricatures et allégories relatives au Mariage, 21 pl. Très belles épreuves *coloriées* (sauf 3).

848. Caricatures sur les Médecins et la Vaccine, 19 pl. Très belles épreuves, *coloriées*.

849. Caricatures sur *M^r^ de la Jobardière*. Huit pièces. Très belles épreuves, *coloriées*.

850. Caricatures sur les Calicots — La Vénus hottentote, etc, 12 pl. Belles épreuves, *coloriées*.

851. SCÈNES DE LA RUE : Le Marchand de Chansons — La graine de niais — C'est comme si vous chantiez — Ceci vous représente... — Polichinelle, mon Ami... — Toujours des Catastrophes ! — Les Syrènes — La Colombe menacée — Provinciaux visitant les Curiosités de Paris — Vieux papier... Dix pièces. Belles épreuves, *coloriées*.

851 *bis*. Les Contrastes, 10 pl. (sur 12) — Grisettiana, 2 pl., etc. Ensemble 16 pl. Belles épreuves, *coloriées*.

852. Caricatures relatives au Théâtre. Vingt pièces. Belles épreuves, *coloriées*.

853. Acteurs dans divers rôles, 16 pl. Belles épreuves, *coloriées*.

854. Le 1^er^ Dimanche de la Promenade de S^t^ Cloud — Départ pour S^t^ Cloud. Deux pièces. Belles épreuves, *coloriées*.

855. Le Pauvre jeune homme par Eleonore f^t^ Le Febvre, d'apr. E. Victoire (titre coupé) — Fanchon la Vielleuse — L'Indisposition d'une jolie femme à l'issue du Bal — La Société Littéraire, etc. Cinq pièces (2 *coloriées*).

856. Le Bon Genre de Société — La Bonne Société — Les Papas jouant au petit Palet — Le Poisson d'Avril — Honi soit qui mal y pense (boutique de Humphrey) — Caricatures Shop (boutique de Roberts). Six pièces, *coloriées* (restaurations à 2 pl.).

857. Longchamp 1823 — Longchamps — Jocrisse à Longchamps — Départ des Habitués de la promenade du Luxembourg pour Long-champ — Les Coryphées de Longchamp — Avenue des Champs-Elysées, Jours de Long Champ. Six pièces. Très belles épreuves, *coloriées.*

858. La Rencontre à la sortie du Museum — Mode du Jour — Mode du Jour n° 2 — L'Hiver paraît moins long — Les Portraits à la Mode de 1810 — Les quatre sans Femme. Six pièces. Très belles épreuves, *coloriées.*

859. L'Amour des nouvelles, ou la Politicomanie — La Lecture du Journal ou les Gobe-mouches de Province — Le Cabinet littéraire en plein vent — Petit cercle politique — Grande Victoire à l'Armée Française — L'Amour des Lettres — Rue des Grès. Sept pièces. Très belles épreuves, *coloriées.*

860. Désagrément des Cabriolets — Les Suppléans — Exercice de Forioso aux Champs-Elysées — Les Amateurs du savant Jeu de Boule — Bivouac des Troupes russes aux Champs-Elysées — Les Anglais de 1814 — La Mode. Sept pièces. Très belles épreuves.

861. Le Jour de l'An — Le Banqueroutier du Jour — La Danse de l'Ours — Liberté de la Presse — Les Caricatures à la porte — L'Incommodité des Capotes — Nous avons notre Père de Gand. Sept pièces. Très belles épreuves, *coloriees.*

862. Le Sultan parisien ou l'Embarras du Choix — Le Logeur ou les effets des vertus hospitalières de Paris. Deux pièces se faisant pendants. Belles épreuves, *coloriées.*

863. Le Coup de Vent ou le désagrément des étoffes légères — Le mauvais temps découvre la vérité — Garde à vous, voilà l'Hiver — Catastrophe d'Innocentin et les embarras de la Rue des Lombards, etc. Huit pl. Belles épreuves, *coloriées.*

864. Ha! Quel Vent! c'est incroyable — Départ du Musicien pour la Russie (et Retour) — La Veille du Nouvel An — Voila mes étrennes perdues, etc. Huit pl. Belles épreuves, coloriées.

865. Le Marché à la Volaille — Le Grimacier de Tivoli — Les Commerces nocturnes de Paris — Munito étonnant ses spectateurs — Encore un pour Sceaux — Le Départ du Pot de Chambre, etc. Huit pl. *coloriées.*

866. Le Bon Goût — Le Palais Royal de Paris (par Cruikshank) — Une matinée du Palais Royal — L'Un soutient l'Autre — Les Danseurs de Corde — Les Faiseurs de Tours, etc. Neuf planches. Belles épreuves (7 *coloriées*).

867. Cabaret de la Mère Radis — Les Effets du Vin, ou la Discussion Orageuse — Le Cabinet littéraire en plein vent — Le Quart d'heure de Rabelais — Avant, après, etc. Neuf pl. (7 *coloriées*).

868. Mlle Des Fleurettes — Mr Des Fadaises — L'Homme comme il y en a tant — La Femme comme il y en a peu — Le Triomphe des Femmes, etc. Neuf pl., *coloriées*.

869. Le Portrait à la Silhouette — Le Colin Maillard — Le Kaleidoscope ou le bijou merveilleux — Le Joujou du jour — Vénus ou la prétendue Comète, etc. Neuf pl. Belles épreuves (7 *coloriées*).

870. Sortie du Salon — Effets merveilleux des Bretelles — La fureur des Corsets — La Cage ouverte ou le désordre dans l'atelier du peintre — La Mère comme il y en a trop..., etc. Neuf planches. Belles épreuves, *coloriées*.

871. Folie du Jour, Vénus ou la prétendue Comète — Vous n'êtes pas ici pour enfiler des perles — Le Jour de l'An — L'Anomanie — Les Bossus Mélomanes, etc. Dix pl. (1 *avant la lettre*, 7 *coloriées*).

872. Usages des Nouvelles Mesures — Le Rendez-vous de la Petite Pologne — Attaque de la Diligence de Paris à Lyon — Tout le Monde s'en Mêle — Resignation a great moral virtue, etc. Dix planches. Belles épreuves (9 *coloriées*).

873. Les Bains à la Mode (Bains Vigier) — Déjeuner du Dimanche — Le Fruit équivoque — Un Café — Le Gros lot ou les étrennes imprévues — La Rue Quincampoix, le Perron — La Rencontre sur le Pont Neuf, etc. Onze pl. Belles épreuves (8 *coloriées*).

874. 1832 — Tiens, la ravaudeuse — View on the Pont Neuf at Paris — Le Sérail ou le Turc à Paris — La Laitière — La Lecture du Journal, etc. 11 pl. Belles épreuves, la plupart *coloriées*.

875. Les Nouvellistes du Matin — Crédit est mort — Guerre des petites bêtes contre les grosses — L'Ecole de Village — Le Jour de Médecine, etc. Onze pl. Belles épreuves, *coloriées*.

876. Le Redoutable M. Croque-Mitaine... — La Terrible... dame Croque-Mitaine... — Les Troubadours du XIXe siècle — Le Morceau d'Ensemble... — Bobêche et Galimafré — Article du Journal de Bobêche — Allez voir Baubêche — On la tire aujourd'hui, etc. Onze pièces. Très belles épreuves, coloriées.

877. Soirée Amusante de la terrasse du Jardin du Luxembourg — Nous avons la clef, il a trouvé la Serrure — Les Arbres d'Amour... — Enseignements Mutuels, etc. Onze pièces. Belles épreuves, *coloriées.*

878. Le Suprême Bon Ton Actuel (chez Martinet, N[os] 1, 2, et sans n[e] (d'après nature au Jardin Impérial de Monceau) 3 pl. — Suprême Bon Ton N[os] 2, 5, 7, 8, 11, 12, 12, 26, soit 7 pl. — Caffée du Jardin des Tuileries. Onze pl. Belles épreuves, *coloriées.*

879. L'Adroite friponne — Etrennes dédiées aux dames pour 1820 — Longchamps de cette année, etc. Douze planches *coloriées* (sauf une). Belles épreuves.

880. Le Nec plus ultra, 2 pl. — Mr Bolivar — Les Parisiens à la Promenade — Costumes de Longchamps — Toi, vile prostituée... J'aspire aussi, moi, etc. Douze planches. Belles épreuves, *coloriées.*

881. Le Samedi des Ouvrières — La Femme mise à la raison — La Fontaine de Jouvence — La Galanterie Française — La Kaloïdoscomanie, etc. Douze pièces. Très belles épreuves, *coloriées* (sauf une).

882. Départ pour Frascati — Les Baromètres au Jardin du Luxembourg — L'Heureux couple persécuté par le mauvais temps — La Pudeur trahie — La Vénus Antique à sa toilette — Les Piqueurs, etc. Treize pl. Belles épreuves, *coloriées.*

883. La Vie d'un Joli Garçon ; d'une Jolie Fille, à Paris ; 2 planches — L'honnête homme, le fripon, 2 planches — Où allons-nous? toujours tout droit — L'Eclipse du 7 Septembre 1820, etc. Treize pl. *coloriées.*

884. Les Diformes — Les Conformes — La Sobriété et la Gourmandise — Gargantua, 3 pl. — Le Petit Tambour — Nous sommes 12, etc. Quatorze pl. *coloriées.*

885. Fi donc! — Chit... Chit! — L'Aspirant à sa Toilette — Les Oies du frère Philippe — Le Vieux Séducteur — Le Paquebot ou la M[de] de Modes — Le Danseur allant à Londres, etc. Quatorze pl. Belles épreuves, *coloriées.*

886. Monsieur Crouton dans son Attelier — Lady Formité et Fidèle en séance chez Mr Crouton — Les Décroteurs Artistes — Le Verglas — Le Repos du Politique, etc. Quatorze pl. *coloriées.*

887. Le Paris Parisien — Le Coup de Vent ou Bourrasque — Les Mésaventures, (pl. 1 à 6) — Galerie des Grotesques — La Casse-tête omanie — Cris de Paris, etc. Quinze pl., la plupart *coloriées.*

888. Partie de Campagne manquée — L'Orage — Crédit est mort — Loterie Nationale, etc. 15 pl. Belles épreuves, *coloriées* (sauf 2).

889. Le Pont d'Amour (Bon Genre 67, état) — Les Ridicules N° 1001 — La Soirée Orageuse (et Amusante) — Comfort — A correct view of the New-Machine for winding up the ladies — Départ pour Frascati — Les Apprêts pour Tivoli, etc. Quinze pl. Belles épreuves, *coloriés*, (sauf deux).

890. Les Amants en Goguette — Eh, bonjour donc — La débutante — L'Auteur au Comité — La Leçon de Musique — L'Aspirante — L'Aspirant — La Digestion, etc. Seize pl. *coloriées*.

891. L'Homme sans souci et l'Homme sans six sous — L'Amour du Temps Présent — Le Pensionnat de Jeunes Demoiselles — Le Bain Economique des Incroyables de la Rue de la Tannerie — Les Burlesques — Caricature Villageoise (n°s 1 et 2), etc. Dix-huit pl., *coloriées*.

892. A l'Aune, je préfère le Mètre — Le Bon Négoce — Les Premières Années d'un Boutiquier, le Boutiquier enrichi — Assemblée de Créanciers — Persian genius — Peri (Gavarni-Grotesque Disguises n° 11), etc. Huit pl. Belles épreuves, *coloriées*.

893. Lecture du Drapeau Blanc — Mariage de Gaspard l'Avisé, 2 pl. — Le Diable boîteux à Paris, par Bourdet, 2 pl. — Loo in the Kitchen, or High Life below stairs, par Cruiskshank, d'apr. Woodward, etc. Sept planches. Belles épreuves (4 *coloriées*).

894. Caricatures relatives au Clergé. Dix pièces. Très belles épreuves, *coloriées*.

895. Antichambre d'un Grand Seigneur — Allons voir Martin monter à l'arbre — Va-t'en avec ta drogue — A bas la calotte !!! — Aujourd'hui et jadis, etc. Huit pl. Très belles épreuves (7 coloriées).

## CARICATURES POLITIQUES

896. Caricatures sur Cambacérès et ses deux amis, d'Aigrefeuille et Villevieille, 53 pl. Très belles épreuves, *coloriées* (sauf une).

897. Réunion de 295 pièces, scènes et caricatures relatives à Charles X et à ses Ministres, par Decamps, B. Roubaud, Traviès, Grandville, etc. Belles épreuves, en grande partie *coloriées*.

898. *Ménagerie Royale, a collection of 24 caricatures which have appeared in Paris,...* London, *Tilt*, 1831, in-16 oblong, demi chagr. rouge à coins, couv. cons.

899. Caricatures relatives à Charles X, Louis Philippe et Napoléon III, 69 pl.

900. Caricatures relatives à Louis Philippe, à la Conquête de l'Algérie, etc., 25 pl.

901. Caricatures sur Louis Philippe, recueil factice de 70 pl., par Traviès, Monnier, Roubaud, Dupressoir, Decamps, Daumier, Bellanger, Forest, etc., 1 vol. in-4°, demi chagr. rouge — *Physiologie de la Poire.* Paris, 1832, in-8°, demi maroq. bleu (piqûres). Ensemble 2 vol.

901 *bis.* Sous ce numéro, il sera vendu quelques ouvrages sur la Caricature et l'Imagerie populaire, par Challamel, Boyer de Nîmes, J. M. Garnier, Grand-Carteret, Champfleury, etc. CE N° SERA DIVISÉ.

## CHALON (J. J.)

902. Métiers et Scènes de Paris, 1820-1822, 19 pl. (sur 24 ?) en 1 alb. in-4° cart. Très belles épreuves, *coloriées.*

## CHAM (C^te de Noé, dit)

903. Actualités (Aubert, de Vresse et Martinet), 736 pl. en 11 vol. — *Ah quel plaisir de voyager*, titre et 20 pl. color. 1 vol. — *L'Art d'engraisser et de maigrir à volonté*, titre et 20 pl., 1 vol. — L'Art de réussir dans le Monde, titre et 20 pl., 1 vol. — *Les Aventures de Monsieur Beaucoq*, titre et 18 pl., 1 vol. — *Monsieur Papillon*, titre et 20 pl., 1 vol. — *Pincez-moi à la Campagne*, titre et 20 pl., 1 vol. — *Les Tortures de la Mode*, titre, couv. et 24 pl., 1 vol. Ensemble 885 pl. en noir ou coloriées, en 18 vol. in-4° demi chagr. rouge (sauf 3 cartonn. de l'époque).

## CHAMPFLEURY

904. Notes manuscristes (inédites ?) pour l'*Histoire de la Caricature :* Antiquité, Moyen-Age, Renaissance, XVII° au XIX° Siècle. Dans 2 cartonnages in-8, cassés.

## CHAPUY (J. B.)

905. *Vues Pittoresques des Jardins Publics de Paris, Versailles, S<sup>t</sup> Cloud et autres, des environs de cette capitale, peintes par P. A. Mongin et gravées en couleur par Chapuis, avec un texte descriptif de chaque planche.* Paris, *Osterwald l'aîné*, s.-d. (1810), in-fol., demi veau à coins (rel. anc). Collection complète des 16 pl. Très bel exemplaire. Rare.

## CHARON

906. Paris tel qu'il est — Les Provinces telles qu'elles sont — Tableau critique de l'Europe. Trois pièces formant série. Très belles épreuves, *coloriées* — Bouclier Français, 3 pl. Ensemble six pièces, *coloriées*.

## CHEMINS DE FER (Est. relatives aux)

907. *Railway Conveyances from Liverpool to Manchester* (Ackermann 1834), planche de 4 sujets. Belle épreuve, *coloriée*.

908. *Travelling on the Liverpool and Manchester Railway*, pl. 1 et 2, par Hughes, d'apr. Shaw. Très belles épreuves, *coloriées*.

909. Les mêmes planches, 2e tirage, avec les changements (Ackermann 1833). Belles épreuves, *coloriées*.

910. *Velocipédraisiaraporianna*, expérience faite dans le Jardin du Luxembourg (1818). Très belle épreuve, *coloriée*.

911. *Views of the Opening of the Glasgow and Garnkirk Railway*, Edinburgh, Hill, 1832, texte et 4 lithogr. gd in-fol.

912. Chemin de Fer de Bruxelles à Malines — Inauguration des Chemins de Fer, décrétés par la loi du 1er Mai 1834, Bruxelles, par Lauters et Fourmois — Vue du Viaduc à Borrette, près d'Aix-la-Chapelle, par N. Ponsart de Malmedy, 1840. Trois pièces (2 *coloriées*).

913. Chemin de Fer de Lyon à St Etienne, 2 grandes lithogr. et plusieurs sujets — View of a train of carriages drawn by a locomotive steam engine on a Railway — Vue de Malines et d'une partie de la station, etc. Cinq pl. (3 *coloriées*).

914. *Eisenbahn vvn Hetton — London and Greenwich Railway*, par Hunt, d'ap. Clayton — *Locomotive engine and train of the Birmingham Liverpool rail-road* — Notions sur le Chemin de fer (publ. par Tessaro, à Anvers), etc. Six pl. (4 *coloriées*).

915. *View of a Train of Prosser's patent guide wheel carriages on a woden railway* (by L. Walton) — M[ssrs] *England's light Locomotive Engine*, etc. Six pl. (2 *coloriées*).

916. Voitures à vapeur (Liverpool and Manchester Railway) — View of the Canterbury and Whitstable Railway, 2 pl. (par Baynes) — Effects of the Rail Road on the Brute Creation, n[os] 1 et 2 (publ. Townsend, 1831), etc. Sept pl. (2 *coloriées*).

917. Jeu du Ballon, du Bateau à Vapeur et du Chemin de fer — La Course autour du Monde — Chemin de Fer de St Etienne à Lyon — Le Chemin de Fer de 1880, par Robida, etc. Huit pl.

918. Chemin de fer de Paris à Sceaux, pl. à plusieurs sujets, par Marvy — Chemins de Fer Pittoresques, par Raimond et Pizzetta, 4 pl. — Chemin de Fer de Paris à St Germain, notice descriptive (avec plan), etc. Neuf pl.

919. *Liverpool and Manchester Railway* (1830), 6 vues, par Shaw — *Chemin de fer de St Pétersbourg à Pavloocki — Accident arrivé sur la ligne de Versailles* (8 Mai 1842), 2 pl., etc. Onze pl.

920. *Views of the Manchester and Liverpool Railway*, 4 pl., par Havell, Hughes et Pyall, d'apr. Calvert et Bury — Désastre du Chemin de Fer de Versailles (8 Mai 1842), etc. Onze pl. (5 *coloriées*).

921. *Locomotive Engine " The Rocket " 1830, built by G. Stephenson* — Chemin de Fer de Paris à St Germain (2 vues) — *Sketch of the carriages on the Liverpool and Manchester Railway* — Inauguration des Chemins de Fer, 5 Mai 1835, près Bruxelles. Treize pl. (6 *coloriées*).

922. *The Pleasures of the Rail Road, caught in the Rail-way!* — *The Pleasures of the Rail Road, shewing the Inconvenience of a Blow up* — *Locomotive engine " the Rocket"* 1830 — *View of the Pneumatic Railway* — *Dampfmaschine welche eine Kutschezicht aüf Eisenbahnen in England*, etc. Quatorze pl. Belles épreuves (5 *coloriées*).

923. La Vie à la Vapeur — Conversation entre des Rouliers, conducteurs... — Détresse des Cheveaux de Diligences — Imagerie — Nez de Maître de Poste à la vue des Locomotives — Les Chemins de Fer, Actualités (par Daumier, etc.), 41 pl.

## COSTUMES et COIFFURES

924. Gallery of Fashion, Londres, N. Heideloff, avril 1794 à mars 1802 — 4 vol. in-4°, rel. veau, fil. or contenant 7 titres (sur 8) et

191 pl. *coloriées* (sur 193?) avec texte. Bel exemplaire (quelques planches sont courtes de marges). Rare.

925. Le Bœuf à la Mode, par Ruotte, d'apr. Swagers — Bœuf à la Mode, par Leclerc, d'apr. Lançon — Le Bœuf à la mode ou le Costume et les Caricatures du Jour (avec couplets). Trois pièces. Belles épreuves (2 *coloriées*).

926. Les Invisibles. Très belle épreuve, *coloriée*.

927. Café des Aveugles — Marche de Carnaval — Les Joueurs, par Sabatelli, etc. Quatre pl. Belles épreuves, *coloriées*.

928. La Promenade à la Plaine des Sablons — Amphithéâtre du Cirque Franconi, la grande voltige sur les Chevaux, d'apr. Naudet — Réunion à la Mode de 1801 — Nostradamus. 4 pl. Belles épreuves, *coloriées* (1 *avant la lettre*.

929. La Mère à la mode, la Mère telle que toutes devraient être... Ce — que j'étais, ce que je suis, ce que je devrais être, 2 pl. — Le Magnétisme animal — L'Arlequin, 1 pl. — Coiffure. Six pl. Belles épreuves (3 *coloriées*).

930. Milord Pif, chez Bichon, coiffeur — Un Barbier rase l'autre — Sans Efforts. Trois pl.

931. M^lle^ la Guiété l'agréable du Boullevard (Paris, chez le Dru) — Petit Lever des Grisettes de Paris — The Supreme Bon Ton N° 3 — Costumes de Bordeaux, par Labrousse, d'après J. G. S^t^ Sauveur. Sept pl. Belles épreuves (6 *coloriées*).

932. La Parisienne de 1816 — Départ des Amateurs de l'Ile S^t^ Ouen — Quel est le plus ridicule — Encore des Originaux — Le Désagrément des Capotes — Mode de 1830 — Costume du Matin. Sept pl. Très belles épreuves, *coloriées*.

933. *A Gallic Beauty — Parisian Ladies...* 1800 — *A Bravura Air — Ladies Dress, as it soon will be — Much ado about nothing !!! It is the very fashion... — Nothingextenuate...* 1827 — *A snug birth in a Shower*. Huit pièces, par Gillray, Williams, etc. Belles épreuves, *coloriées*.

934. M^me^ Pelisse — Milord Pouffe — Collets dit parasabre — Une Paire de bas pour deux — Variation et Occupations d'une Femme — Parisiens à la promenade — Costumes Militaire et Bourgeois — M^r^ Cintré — Sa fait... Tocque. Dix pièces. Belles épreuves, *coloriées* (sauf une).

935. *Les Français, costumes des principales provinces de la France,...* lithographiés par Pauquet et V. Coindre. Paris, *L. Curmer*, titre, texte explicatif et 16 pl. en double, suite (noir et coloriée) en 1 album in-4°, cartonn. toile d'édition.

935 *bis*. La Belle Assemblée, or Bell's court and fashionable magazine, vol. II et III, Junary 1 to December 31, 1807, 2 vol. in-8°, avec 42 pl. — Recueil factice de 127 pl. color. et 2 en noir (portraits, pl. de modes de la Belle Assemblée, Vues de Londres), en 1 vol. in-fol. demi maroq. bleu à coins. Ensemble 3 vol.

## COSTUMES MILITAIRES

936. Grenadier de la Garde Royale — Lancier de la Garde Royale — Le Galant Hanovrien — La Nouvelle Mode ou l'Ecossais à Paris, 4 pl., par Blanchard, Maris, etc. Très belles épreuves, *coloriées*.

937. Officier autrichien visitant des Postes de Cosaques — Armée des Souverains alliés, année 1814, n$^{os}$ 1, 2, 3, 4. — La Revue Royale ou réunion des Uniformes Français. Six pl. Belles épreuves, *coloriées*.

938. Un Corps de Garde de la Garde Nationale — La veille d'une revue de la Garde Nationale — Cavallerie Impériale Russe — Armée des Souverains alliés, 1815, N° 4 — Troupes françaises, 1815 (chez Basset) — Maison du Roi. 2 pl. (chez Martinet) — Cosaque de la Garde Imperiale Russe — L'Aimable Prussien. Dix pl. Belles épreuves, *coloriées*.

939. Armée des Souverains Alliés, année 1815, N$^{os}$ 5, 10, 12. — Officiers et Soldats Russes — Rencontre d'Officiers anglais et écossais, à Paris — Réunion d'Alliés, etc. Treize pl. Belles épreuves (11 *coloriées*).

940. Costumes Militaires Français 1821, par D. L. D., suite de 28 pl. (y compris le titre) en 1 vol. in-12, demi maroq. rouge, tête dorée, non rogn.

## CRUIKSHANK (George)

941. *Illustrations of Time;* London, *publ. by the Artist, sold by Js Robins et C°, 1827*. Titre et 6 pl. *coloriées* en 1 album pet. in-fol. oblong, demi bradel toile bleue. Bel exemplaire.

942. *Scraps and Sketches, London, publ. by the artist and J. Robin and C°* (1$^{re}$ à 4$^{e}$ partie 1828-1832), 24 pl. color., plus les 6 pl. de la 1$^{re}$ partie ajoutées en noir. Ensemble 30 pl. en 1 album pet. in-fol. oblong, demi bradel, toile bleue. Belles épreuves.

## DANSE (Estampes relatives à la)

943. Académie et Salle de Danse : les Graces Parisiennes (chez Mme Ve Chereau). Très belle épreuve, *coloriée.*

944. Le Bastringue ou la Folie du Jour, composition de Desrais. Quatre planches différentes. Belles épreuves, (une *coloriée*).

945. La Poule (d'après Bosio ?). Très belle épreuve, *coloriée.* Rare.

946. La Contre-Danse ou le Bal de Sceaux — La Walse ou le Bal de Vincennes. Deux pièces se faisant pendants — Bal Masqué — Les Valsheuses. 4 pièces. Belles épreuves, *coloriées.*

947. La Valse — Et nous aussi j'valsons — La Leçon de Danse — Délassement des Habitués du Luxembourg au Café du Sénat — La Danse au Bois de Vincennes — Bal de Sceaux. Six pièces publiées par Depeuille, Martinet, etc. Très belles épreuves, *coloriées.*

948. La Danse villageoise — La Leçon de Danse — La Gavotte — Tapisserie du Bal — Scène d'un Bal de province, etc. 8 pl. Très belles épreuves, *coloriées.*

949. Le Fandango — Le Suprême Bon Ton n° 9 — Sandis, si l'on ne me retenait... — Les Amusemens de la Courtille — Jeu de Ballon, etc. Onze planches (10 *coloriées*).

950. Le Prado d'Eté — Grande Chaumière (1841 et 1842). Trois pièces par C. Valette et H. D. Belles épreuves.

## DANTAN — ADAM — BICHEBOIS — SABATIER

951. *Museum Dantanorama;* lithographie par Grandville, Ramelet et Lepeudry, suite complète de 12 pl., avec les deux couvertures, 1 vol. — *Janvier 1830, promenade pittoresques dans Paris*, par MM. Adam Bichebois et Sabatier ; couv. et 7 pl., 1 vol. Ensemble 19 pl. en 2 vol. in 4°, demi chagr. rouge à coins.

## DARCIS

952. Le Trente-un, ou la maison de prêt sur nantissement, d'apr. Guérain. Très belle épreuve.

## DARJOU (A.)

953. *Actualités* (de Martinet), 86 pl., 1 vol. — *Les Silhouettes Faciles*, couv., titre et 20 pl., 1 vol. Ensemble 106 pl. en 2 vol. in-4°, demi chagr. rouge à coins. Belles épreuves.

## DAUMIER (Honoré)

954. Daumier (H.), par Feuchère 1847. Belle épreuve, sur chine. Rare.

955. Bastien et Robert (Hazard et Loys Delteil 16) — Bernard Léon (19) — Dubois (57) — Fruchard (81) — Monnier (Henri) (132) — Odry (140). Six pièces. Belles épreuves (2 sur chine).

956. Benjamin-Delessert (50) — Ganneron (84) — Henri Monnier (132). Trois pièces. Belles épreuves.

957. Jacquinot Godard (102). Très belle épreuve sur chine.

958. 22.000 FRancs d'amende (Plougoulm) (151). Superbe épreuve sur chine.

959. Viennet (192). Très belle et forte rare épreuve, *avant la lettre.*

960. L'Epicier qui n'était pas bête (198) — Il a raison l'moutard (199) — Y a encore de l'ouvrage par là ! (200) — Enfoncé les Bons Gendarmes (201) — Le Vieux Drapeau (203) — Nous n'avons plus besoin de vous (211) — Un Héros de Juillet (213). Sept pièces. Belles épreuves (3 *coloriées*).

961. Enfoncé les bons gendarmes (201 - 1er état RR.) — Vas poulot (206 RR) — Monseigneur, s'ils persistent... (210) — Tiens bien la porte (3960 RR). Quatre pièces. Belles épreuves, *coloriées.*

962. Le Patrouillotisme chassant le patriotisme (209) — Un Cauchemar (212) — Un héros de Juillet (212) — Nous n'avons plus besoin de vous (211) — A Aix, à Marseille... (215). Cinq pièces. Belles épreuves, *coloriées.*

963. Gargantua (214). Belle épreuve. Très rare.

964. Dieu ai-je aimé... (216) 1er état — Pauvres moutons ah !... (217) — Le juste milieu va bien... (219) — Nous n'avons pas la croix (220) — Le Bleu s'en va (22) 1er état — Quel pied de nez (223). Six pièces. Très belles épreuves (4 *coloriées*).

965. Souvenir de Ste Pélagie, gr. pl. (225). Belle épreuve sur chine. Rare.

965 *bis.* Alphabets (227 et 227bis RR). 4 pl. — Les Saltimbanques, 2 pl. — Affiche pour l'Entrepôt d'Ivry — Portraits de Daumier, etc. Environ 50 pièces, par et d'après Daumier.

966. La Visite au Salon (229 R.). Belle épreuve sur chine.

967. Titres de chansons: L'Esprit frappeur — Pauvres hommes (236-237). Deux pièces. Belles épreuves, avec la musique.

968. Madeleine-Bastille (238) — Le Dimanche au Jardin des Plantes (239). Deux pièces. Belles épreuves, sur chine.

969. Le Nouveau Paris (240) — A Travers les Ateliers (24). Deux pièces. Belles épreuves, sur chine.

970. A la Varenne St Maur (242) — En v'la un... (244) — Je n'ai jamais tant ri... (245). Trois pièces. Belles épreuves sur chine.

970 *bis*. LES ROBERT MACAIRE; *28 sujets*, Paris, *Pannier*, in 4°, demi rel. de l'époque.

Cet Album comprend les séries complètes suivantes : Mésaventures et Desappointements de Mr Gogo (340-344), 5 pl. — Les Robert Macaire, 2e série (2496 à 2512), 20 pl. — L'Annonce et la Réclame (325 et 326), 2 pl. — Association en Commandite pour l'Exploitation de l'Humanité (607), 1 pl. Belles épreuves.

971. Etienne-Joconde-Cupidon... (447). Superbe épreuve sur chine. Rare.

972. Les Réjouissances de Juillet... vues de Ste Pélagie (467). Très belle épreuve.

973. Nous nous sommes bien amusés ! (531). Superbe épreuve.

974. La famille d'Arg... pendant l'orage (566) — Un Nouveau nez (567). Deux pièces. Très belles épreuves (une sur chine).

975. La Crise actuelle se complique (568). Très belle épreuve sur chine.

976. Les Agrémens des Chemins de Fer (574-575), 2 pl. — Les Chemins de Fer (1155-1156), 2 pl. — Croquades (1216-1217), 2 pl. — Croquis de Chasse (1286), 1 pl. — Croquis d'Expressions, nos 25 et 40 — Journée du Célibataire, n° 4 (2001) — Nos Troupiers, n° 1 — Scènes Familières (2532-2533), 2 pl., etc. Ensemble 20 pl. (plusieurs *coloriées*).

977. A la Brasserie (576), 1 pl. — Types et Physionomies (2698), 1 pl. — Croquis pris au Théâtre (1569), 1 pl. — Croquis d'Eté (1306 à 1310), 4 pl. (sur 5) — Croquis d'Eté (1346 et 1347), 2 pl. (sur 4) Croquis d'Eté (1351 et 1352), 2 pl. (sur 7) — Les Portiers de Paris (2401 et 2402), 2 pl. (sur 4) — L'Imagination (1978 à 1992) Suite complète de 15 pl., texte au verso, les nos 12 et 14 en tirage à part — Les Joueurs de Billard (3916 à 3928), 11 pl. (sur 13), texte au verso — Locataires et Propriétaires (2045 à 2055). Suite complète de 11 pl., texte au verso. Ensemble 42 pl. (17 en tirage à part).

978. Album des Charges du Jour (p. 147), couverture, frontispice et suite complète de 30 pl. en 1 alb. in-4 demi chagr. coins. Très belles épreuves.

979. Album du Siège (D. page 148). Suite complète couv., titre et 39 pl. par Daumier et Cham ; in-4° demi chagr. rougs à coins. Belles épreuves.

980. Les Amis (588-596). Suite complète de 9 pl. Très belles épreuves en 1 alb. in-4 demi chagr., coins (piqûres à plusieurs pl.).

981. Au Bivouac (D. p. 155). Titre et suite complète de 30 pl. (11 par Daumier), en 1 album in-4°, demi chagr. rouge à coins. Belles épreuves.

982. Séries à planche unique : Au Bal masqué (608) — Ces Bons Bourgeois (853) — Ces Bons Parisiens (961), etc. Ensemble 32 pl., en belles épreuves (plusieurs *coloriées*).

983. Au Camp de St Maur (609-613), n[os] 1 à 3, soit 3 pl. (sur 5) — Pendant l'Armistice (2270-2271), 2 pl. — Nos Troupiers (2137-2138), 2 pl. — La Salle des Ventes (2514) 1 pl. (sur 2) — Les Supplices de la Civilisation (2582-2584), 3 pl. — Croquis Parisiens (1466-1479) 8 pl. (sur 14), plus 2 doubles color. Ensemble 21 pl. Belles épreuves.

984. Les Baigneurs (627-655). Suite complète de 30 pl. Très belles épreuves, *coloriées*, en 1 alb. in-4, demi chagr. coins.

985. Les Baigneuses (656-672). Suite complète de 17 pl. Très belles épreuves, en 1 alb. in-4, demi chagr. coins.

986. Les Bons Bourgeois (654 et suiv.). Suite de 82 pl. (incomplète des pl, 62 à 65, 67 à 72, 74, 78 à 82), soit 66 pièces (en 1 alb. in-4 cart., 5 feuilles volantes), la plupart en très belles épreuves

987. Les Bas bleus (685-724). Suite complète de 40 pl. Belles épreuves en 1 alb. in-4, cart., demi chagr, rouge, coins (piqûres à plusieurs pl.).

988. Les Beaux Jours de la Vie (725-825). Suite de 100 pl. (incomplète de 17 pl.), soit 83 pièces. Belles épreuves (le 68, *colorié*).

989. Les Bohémiens de Paris (826-852). Suite complète de 28 pl. Très belles épreuves *coloriées*. en 1 alb. in-4 demi chagr., coins.

990. L'Ami d'un grand homme (850) — L'Entrée dans la Vie (1159) — Ma foi, je ne sais pas comment ils étaient à Austerlitz (1198) — J'ai vu, Seigneur (2350) — Le Premier Jour de l'An (2743). Cinq pl. Epreuves *avant la lettre* (piqûres).

991. Ces Bons Autrichiens (D. page 207). Suite complète des 23 pl. de Daumier (plusieurs *coloriées*), dans le cartonn. de publication (dérelié).

992. Les Boursicotières (964 à 966), suite complète de 3 pl. — Les Faiseurs d'affaires (1786 à 1788), suite complète de 3 pl. — Naïvetés (2132 à 2135), 3 pl. (sur 4) — La Comète de 1857 (1182 à 1191), suite complète de 10 pl. — L'Exposition des Animaux (1739 à 1744), suite complète de 6 pl., dont une (n° 1) par Cham — La Potichomanie (2405 à 2412), suite complète de 8 pl. Ensemble 33 pl. en 1 album in-4°, demi chagr. rouge à coins. Belles épreuves.

993. Les Canotiers Parisiens (969 à 988), 20 pl. — Les Alarmistes et les Alarmés (580 à 586), 6 pl. (2 color.) — Les Pratiques des Marchands de Paris (365 et suivants), 6 pl. *coloriées* — Le Chapitre des Interprétations (1101 à 1110), 10 pl. *coloriées*, Ensemble 45 pl. *(Suites complètes)*, en 1 album in-4° demi chagr. rouge à coins. Belles épreuves.

994. Caricaturana (Robert Macaire) (989-1090). Suite complète de 100 pl. *coloriées*, en 1 alb. in-4 cart. Bel exemplaire.

995. Les Carottes (1095-1100), 6 pl. — Messieurs les Bouchers (2064-2066), 3 pl. — Paris qui Boit (2209-2214), 6 pl., séries complètes — Revue caricaturale (D. p. 527), 6 pl. (sur 9). Ensemble 21 pl. Belles épreuves.

996. La Chasse (1127-1135), 12 pl. — Profils Contemporains (2445-2448), 4 pl. — Scènes d'Ateliers (2525-2528), 4 pl. — Les Cinq Sens (331-335), 5 pl. — Les Artistes (600-603), 4 pl. Ensemble 29 pl. *Suites complètes* en 1 album in-4°, demi chagrin rouge à coins. Belles épreuves.

997. Les Chemins de fer (1136-1150 bis). Suite complète de 16 pl. Belles épreuves (piquées).

998. La Comédie Humaine (1159-1163), 4 pl. (sur 5) — Croquis Parisiens (1462 et 1464), 2 pl. (sur 5) — Les Plaisirs des Champs Elysées (2398), 1 pl. (sur 3) — Scènes Parlementaires (2546-2550), 5 pl. (sur 6) — Scènes de la Vie de Province (2529-2531), suite complète de 3 pl. — La Tragédie (2678-2680) suite complète de 3 pl. — Actualités (323), 1 pl. Ensemble 19 pl. Belles épreuves.

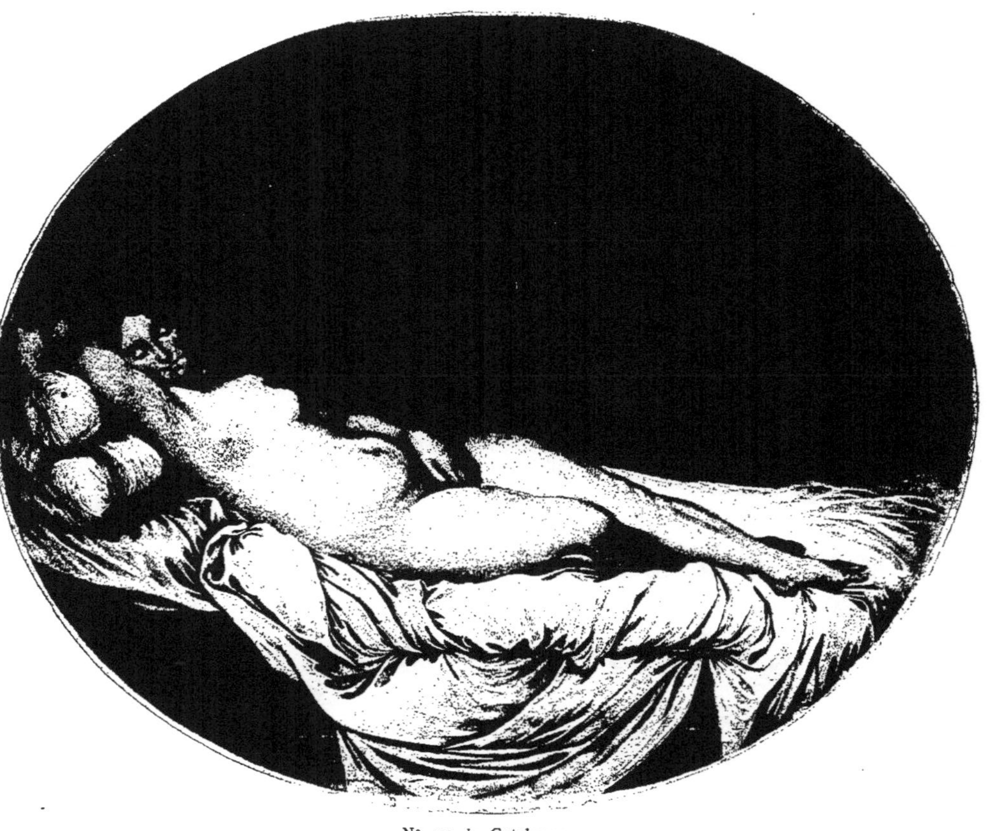

N° 440 du Catalogue.

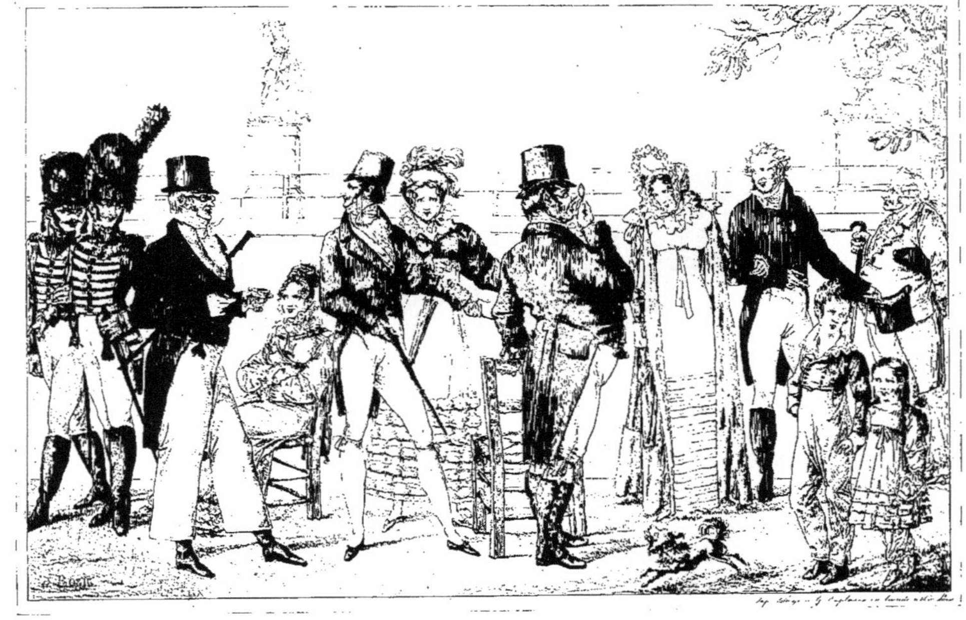

N° 787 du Catalogue.

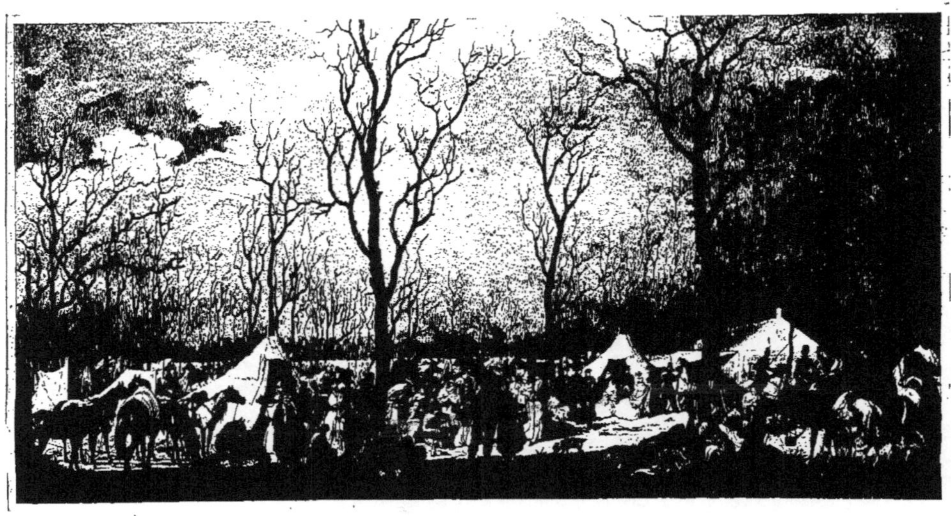

Nº 1134 du Catalogue.

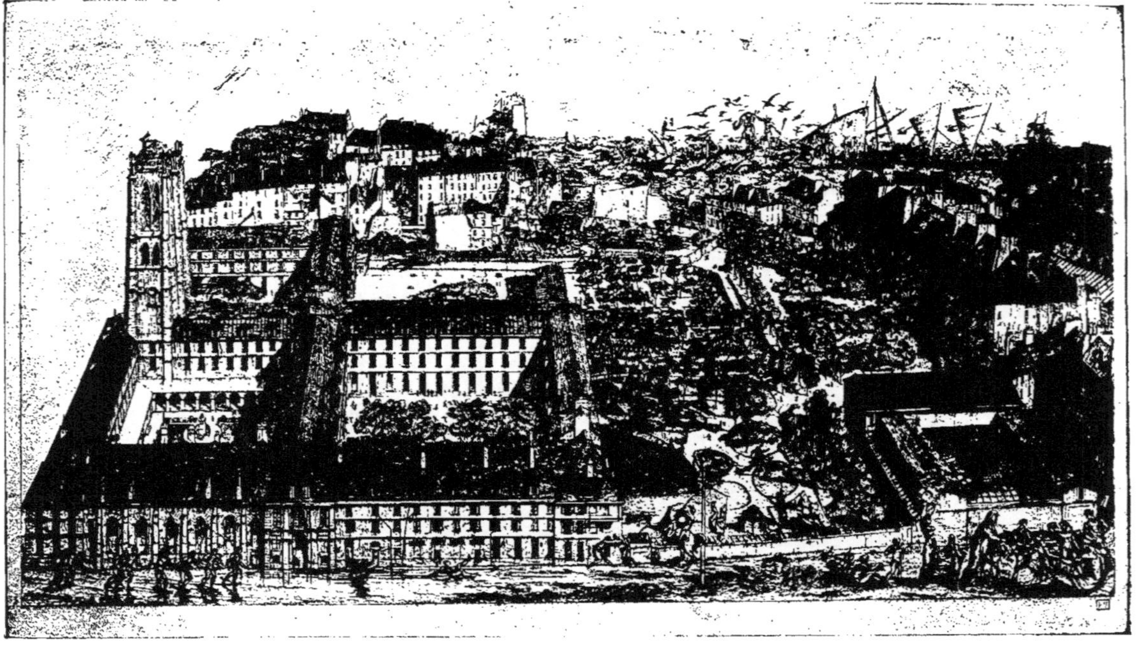

N° 1195 du Catalogue.

999. La Comédie Humaine (1165), 1 pl. (sur 2) — Doubles Faces (1586-1591), pl. 1, 4, 5, 6, soit 4 pl. (sur 6) — Nouvelle Lanterne Magique (1713 et suivants), suite complète de 6 pl. plus un état — Paris l'Hiver (2202), 1 pl. (sur 6) — Les Plaisirs des Champs-Elysées (2399), 1 pl. (sur 3) — Quand on a du Guignon (2473-2483) nos 2, 6, 9, 10, 11, soit 5 pl. (sur 11). Ensemble 19 pl. Belles épreuves.

1000. Les Comédiens de Société (1166-1181). Suite complète de 16 pl. en 1 alb. in-4 cart. Bel exemplaire.

1001. *Panorama Comique par Daumier*; *36 sujets*, Paris, L. Pannier. Album in-4°, demi rel. basane (de l'époque).

Cet album comprend les séries suivantes, *complètes :* Coquetterie (1192-1201), 10 pl. — Silhouettes (2555-2559), 8 pl. — Monomanes (2125-2131), 8 pl. — Scènes Grotesques (2535-2540), 6 pl. — Sentimens et Passions (2551-2554), 4 pl. Belles épreuves.

1002. Les Cosaques pour Rire (D. p. 286). Album de 40 caricatures (dont 15 par Daumier, les autres par Cham et Vernier). In-4° oblong. cartonn. d'édition. Très bel exemplaire, *colorié.*

1003. Croquis Aquatiques (1222-1233), 12 pl. Série complète. Belles épreuves en cahier.

1004. Croquis d'Eté (1303-1305), 3 pl. — Croquis Aquatiques (1235-1240), 6 pl. — Croquis Aquatiques (1241-1242), 2 pl. — Croquis Dramatiques (1415-1418), 4 pl. — Croquis d'Automne (1245-1246), 2 pl. Ensemble 17 pl. Belles épreuves, *(Suites complètes)*.

1005. Croquis d'Eté (1311-1345). Suite complète de 44 pl. dont 35 par Daumier (les autres par de Beaumont, Vernier, Cham), en 1 album in-4° demi chagr. rouge à coins. Belles épreuves.

1006. Croquis d'expression (1358-1409). Suite complète de 100 pl., dont les Nos 1 à 53 par Daumier (les autres par Plattel et Platier), en 2 vol. in-4° (l'un oblong) demi chagr. rouge à coins. Exemplaire *colorié.*

1007. Croquis Dramatiques (1419-1433), suite complète de 15 pl. en 1 album in-4° demi chagr. rouge à coins. Belles épreuves.

1008. Croquis du Jour (1437-1439). Suite complète de 30 pl., dont 3 par Daumier (les autres par de Beaumont, Bouchot, Cham, Vernier), en 1 album in-4°, demi-chagr. rouge à coin. Belles épreuves.

1009. Croquis Musicaux (1443-1459). Suite de 17 pl. (incomplète des pl. 1, 3 à 5, 8 et 9), soit 11 pièces, (les nos grattés).

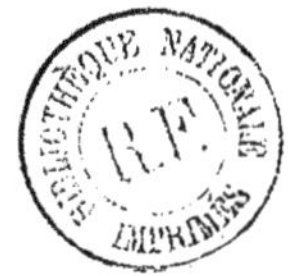

1010. L'Imagination (1493-1496), suite complète de 4 pl. — Les Plaisirs de la Pêche (415) — C'est toujours avec la plus grande douleur (442) — Les Désabonnements... (443) — Mr Chose, premier saltimbanque... (565) — etc., etc. Quatorze pl. Belles épreuves.

1011. Emotions de Chasse, 1re Série (1593-1607) — Emotions de Chasse, 2e Série (1608-1626), 19 pl., plus ajouté le n° 10 par de Beaumont — Les Plaisirs de la Chasse (2382-2383), 2 pl. — Croquis de Chasse (1283-1286), 4 pl. — Croquis de Chasse (1261-1281), 21 pl. Ensemble 62 pl. (Suites complètes) en 2 albums in-4° demi chagr. rouge à coins (quelques pl. sont dereliées). Belles épreuves.

1012. Emotions Parisiennes (1630-1666). Suite complète de 50 pl., en 1 alb. in-4° cart. couv. ajoutée. Bel exemplaire.

1013. Enfantillages (1701) — Les Habituées des Cafés (1890) — Scènes conjugales (2524) — Les Bons Parisiens (962) — Actualités, etc., 11 pl. Belles épreuves (une *coloriée*).

1014. Les Etrangers à Paris (1711-1730). Suite complète de 20 pl., *coloriées*, en cahier. Epreuves légèrement salies.

1015. Exposition Universelle (1745-1785), 39 pl. (sur 41, manque les pl. 3 et 4). 1 alb. in-4°, demi chagr. rouge à coin. Belles épreuves (plusieurs n[os] surchargés et intervertis).

1016. Flibustiers Parisiens (1805-1810), 4 pl. (d'une suite de 6). Belles épreuves, *coloriées*.

1017. La Fluidomanie (1811-1822). Suite complète de 12 pl. en 1 alb. in-4° cart.

1018. Les Gens de Justice (1848-1886). Suite de 39 pl. (incomplète des pl. 37 et 39), soit 37 pièces. Belles épreuves (3 *coloriées*).

1019. Les Hippophages (1891-1900). Suite complète de 10 pl. Très belles épreuves en cahier.

1020. Histoire Ancienne (1901-1950). Suite complète de 50 pl., en 1 alb. in-4°, cart. Bel exemplaire (piqûres à plusieurs pl.).

1021. Idylles Parlementaires (1951-1966). Suite complète de 16 pl. en 1 album in-4° oblong, demi chagr. rouge à coins. Epreuves *coloriées*.

1022. Locataires et Propriétaires, 1re série (2010-2041). Suite de 32 pièces (incomplète des pl. 4, 30 et 31), soit 29 planches. Très belles épreuves en cahier.

1023. Locataires et Propriétaires, 3e série (2056-2061). Suite complète de 6 pl. Belles épreuves en cahier.

1024. Mœurs conjugales (2069-2117). Suite complète de 60 pl. *coloriées*, en 1 alb. in-4° cart. Bel exemplaire.

1025. Monomanes (2125 et suiv.) — Silhouettes (2555 et suiv.), Suites complètes, soit 16 pl., *coloriées*, en 1 alb. demi chagr. coins.

1026. Monomanes, pl. 6 (2129). Très belle et très rare épreuve du 1er état, *avant la lettre*.

1027. Les Papas (2143-2161), pl. 1 à 19 (sur 23). Très belle épreuve en 1 alb. in-4 dem. chag. coins.

1028. Pastorales (2216-2265), pl. 2 à 7, 13, 16 à 18, 21, 28, 41, 46, 50, soit 15 pièces. Belles épreuves.

1029. Pastorales, pl. 17 (2232). Belle et très rare épreuve du 1er état, *avant la lettre*.

1030. Les Philantropes du Jour (2272-2306) suite complète de 34 pl. (les nos 14 et 32 avec texte au verso). Belles épreuves.

1031. Physionomie de l'Assemblée (2307-2337). Suite complète de 31 pl. en 1 album in-4°, demi chagr. rouge à coins. Belles épreuves.

1032. Physionomies des Chemins de Fer (2338-2347). Suite complète de 10 pl. en 1 alb. in-4° demi chag. coins. Très belles épreuves.

1033. Physionomies Tragiques (2364-2373), 10 pl. — Physionomies Tragico-Classiques (2350-2363), 15 pl. — Scènes Parisiennes (2544 et 2545), 2 pl. — Scènes Parisiennes (2541-2543), 3 pl. — Enfantillages (1702-1707), 6 pl. Ensemble 36 pl. *(Suites Complètes)* en 2 albums in 4° demi chagr. rouge à coins. Belles épreuves.

1034. La Pisciculture (2375-2380). Suite complète de 6 pl. en 1 alb. in-4°, demi chagr. rouge, coins. Belles épreuves.

1035. Les Plaisirs de la Villégiature (2384-2391). Suite complète de 8 pl. en 1 alb. in-4° dem. chag. coins. Très belles épreuves.

1036. Professeurs et Moutards (2413-2444). Suite complète de 32 pl. en 1 album in-4° demi chagr. rouge à coins. Belles épreuves.

1037. La même série. Belles épreuves *coloriées*.

1038. Le Public du Salon (2462-2472), suite complète de 11 pl. en 1 album in 4°, demi chagr. rouge à coins. Belles épreuves.

1039. Les Raisins malades (2486-2492). Suite complère de 7 pl. Belles épreuves.

1040. Représentans Représentés (voir D. p. 526). 1re Série Constituante, suite complète de 52 pl. — 2e Série, Législative, suite complète de 37 pl. (dont 3 color.). Ensemble, titre et 89 pl. en 1 album in-4°, demi chagr. rouge à coins. Belles épreuves.

1041. Le Salon de 1857 (2517-2523). Suite complète de 7 pl. en 1 alb. in-4° demi chagr. coins. Belles épreuves.

1042. Regrets (2534 RRR). Très belle épreuve. La seule connue.

1043. La Société d'acclimatation (2560-2569). Suite complète de 10 pl. en 1 alb. in-4° dem. chag. coins. Belles épreuves.

1044. Souvenirs du Congrès de la Paix (2571-2576), 6 pl. — Les Trains de plaisir (2681-2695), 15 pl. — Les Parisiens en 1848 (2179-2181), 3 pl. — Croquis de Bourse (1254-1259), 6 pl. Les Parisiens en 1852 (2186-2195), 11 pl. *Suites complètes*), en 1 album in-4°, demi chagr. rouge à coins. Belles épreuves.

1045. Tout ce qu'on voudra (2586-2655). Suite de 71 pl. (incomplète des pl. 23, 24, 27, 30, 34, 38, 43, 46, 47, 56, 59 à 65, et 70), soit 53 pièces, la plupart *coloriées* (nos grattés à quelque pl.).

1046. Tout ce qu'on Voudra (2586-2654). Nos 1, 6, 7, 9, 10, 12, 14 à 17, 41, soit 11 pl. Belles épreuves.

1047. Tout ce qu'on voudra, pl. 53 (2638). Très belle et très rare épreuve du 1er état, *avant la lettre.*

1048. Tout ce qu'on voudra, série non numérotée (2660-2677). Suite complète de 18 pl. en 1 alb. in 4°, demi chag. coins. Belles épreuves.

1049. Les Trains de plaisir (2682-2695). Suite complète de 15 pl. en 1 alb. in-4° demi chag. coins.

1050. Types parisiens (2710-2717). Suite complète de 50 pl., en 1 alb. in-4° demi chagr. coins. Très belles épreuves, *coloriées.*

1051. Voyage en Chine (2719-2750. Suite complète de 32 pl. en 1 album in-4° demi-chagr. rouge à coins. Belles épreuves.

1052. Varietés Drolatiques, *par Daumier*, *50 planches*, Paris, L. Pannier, 1 vol. in-4°, demi chagr. rouge à coins.

Cet Album, comprend les séries complètes suivantes : Vulgarités (2751-2756), 10 pl. — Les Musiciens de Paris (350 355), 6 pl. — Proverbes de Famille (368-369), 2 pl. — Proverbes et Maximes (2449-2460), 12 pl. — La Pêche (356-362), 7 pl. — La Journée du Célibataire (1998-2009). 12 pl. — Les Saltimbanques (374), 1 pl. Belles épreuves.

1053. Actualités (312-324), 9 pl. (sur 14) — Actualités d'Aubert, scènes de mœurs. 4 pl., etc. Ensemble 15 pl,, noir ou coloriées.

1054. Actualités (2763-3821). Recueil de 520 pl. appartenant aux Actualités politiques ou scènes de mœurs, éditées par Aubert, Martinet, de Vresse, etc. En ff.. sous 10 cartonnages demi chagr. rouge à coins. Belles épreuves en noir ou coloriées.

1055. L'Ane et les deux voleurs (3958). Très belle épreuve sur chine.

## DAUMIER (d'après)

1056. *Les Çent Robert Macaire*, A Paris, Bureau du *Journal pour Rire*, 1 vol. — *Les Cent Robert Macaire*, Paris, *Aubert*, 1 vol. — *Les Cent et un Robert-Macaire composés et dessinés par Daumier, texte par M. Alhroy et L. Huart.* Paris, *Aubert* et Cie, 1839-1840, 2 vol. Ensemble 6 volumes in-4° ou in-8°, cartonn. ou rel.

## DAVID (Jules)

1057. *Vice et Vertu*, Paris, *Jeannin*. Couv. et suite complète de 12 pl. — *Sagesse et Inconduite*, Paris, *Jeannin*, couv. et suite complète de 12 pl. Ensemble 24 pl. en 1 album grand in-fol., demi rel.

## DELACROIX (Eugène)

1058. Artistes Dramatiques en voyage (D. 28). Belle épreuve, *coloriée*. Très rare.

## DELARUE (Fortuné)

1059. *Tableaux de Paris ou Costumes, habitudes et Usages des Habitants de cette Capitale, Dessinés d'après Nature en 1827, par F. DELARUE* — Paris, C. Motte, frontispice et pl. 1 à 18 en 1 alb. in-4°, rel. mar. de l'époque, filets or. Très belles épreuves, *coloriées*.

## DORÉ (Gustave)

1060. *Des Agréments d'un Voyage d'Agrément*, Paris, A. de Vresse, Titre et suite complète de 24 pl. en 1 album in-4° oblong, cartonn. d'édition — *Les Différents Publics de Paris* (au Bureau du Journal Amusant). Titre et suite complète de 20 pl., *coloriées*, en 1 album in-4° oblong, bradel toile marron. Ensemble 44 pl. en 2 vol.

## DRAISIENNES et VÉLOCIPÈDES

1061. Les Draisiennes à Tivoli — *The Female Race! or dandy chargers...* — *The Ladies Accelerator* — *The hobby horse dealer*, etc. Sept pl. Belles épreuves, *coloriées.*

1062. *Hobbies or attitude is every thing* — *The New long back'd Hobby...* — *A Family party...* — *Draisienne ou nouvelle voiture* — *Johnson's Pedestrian*, etc. Huit pl., *coloriées* (2 sans marge).

1063. *Modern Pegasus or Dandy Hobbies in full speed* — *Draisiennes dites Vélocipèdes* — *Perambulators in Hyde Park!* — *The Epping hunt or hobbies in an Uproar*, etc. Huit pl. Belles épreuves, *coloriées.*

1064. Un trait d'union — Un Point d'interrogation — Un Commencement d'Incendie — Les Bains de mer, 2 pl. — Une Noce en vélocipèdes, 2 pl. — Nouveau Steeple-chase, soit huit pièces par Régnier, Bettanier, ete. Belles épreuves, *coloriées* ou tirées en chromolithographie.

1065. *Vélocipèdes lancés dans le Monde* — *Hobby horse fair, etc.* — *Favourite Hobbies* — *Every one his hobby plate*, 1, 2, etc. Huit pl. (7 *coloriées*).

1066. *The Ladies Hobby* (1819) — Les plaisirs et les Désagrémens des Vélocipèdes — *Vélocipède sentimental ou la draisienne française* — *The Hobby horse* 1819 — *A Pilentum*, etc. Neuf pl. Belles épreuves (7 *coloriées*).

1067. *An Unexpected Occurence* — *Johnson's Pedestrian Hobby-horse riding school* — *The Accelerator* — *Pedestrian Hobbyhorse Mr Johnson Patentee* — *Four and Twenty hobby horses all of a row* (Ackermann 1819). Dix pl. (8 *coloriées*).

1068. *Going to the Races* — *Exercising a Hobby from Wales to Hertford* — *R-L (royal) Hobby* — *The Master of the Ordnance exercising his hobby!...* Douze pl. Belles épreuves, *coloriées.*

1069. *The Hobby horse*, 1819 — *Sievier's Patent Pedestrian carriage* — *Military Hobbyhorse*, etc. Treize planches (5 *coloriées*).

1070. Vélocipèdes et Bicyclettes, 30 pièces extraites, pour la plupart, de journaux illustrés.

1071. Draisiennes et Vélocipèdes, 26 pl. diverses, la plupart *coloriées.*

## ESCRIME (Estampes relatives à l')

1072. The Assaut, between Mlle d'Eon de Beaumont and Mr de Saint-George, 9 April 1787 — Le Maître d'Armes — Le Salut — Grand Assaut d'armes... dans la Grande salle du Palais Bourbon, par Forest et Grandville — L'Atelier d'Horace Vernet. Cinq planches. Belles épreuves (une *avant la lettre*, *4 coloriées*).

## FORTIER (Claude)

1073. Le Café Politique, 1804. Très belle épreuve, *coloriée*.

## FRANCIS

1074. *Esquisses Parisiennes*, Paris, Hautecœur-Martinet, 21 pl. (sur 30?). Belles épreuves, *coloriées*.

## GARDE A VOUS

1075. Garde a vous ou Caricatures Parisiennes, Paris, Martinet, s. d. Suite complète de 37 planches, *coloriées*. Belles épreuves.

## GATINE

1076. *Costumes des Femmes du Pays de Caux et de plusieurs autres parties de l'ancienne province de Normandie..., dessinés la plupart par M. Lanté...* — Paris, 1827 — texte, frontispice et suite complète de 105 pl. *coloriées*, en 1 vol. in-4° cart. Très bel exemplaire sur papier fort.

1077. Haute et Moyenne Classes. Suite complète de 14 pl., d'apr. Lanté. Très belles épreuves, *coloriées*.

## GAVARNI

1078. Les Enfans Terribles (M. et E. B. 565-613). Suite complète de 50 planches (y compris le frontispice), en 1 alb., in-4° cart. Très belles épreuves, *coloriées*.

1079. Les Etudians de Paris (614-661). Suite de 60 pl. (manque les pl. 59 et 60), soit 58 pièces en 1 alb. in-4°, demi chagr. coins. Belles épreuves, *coloriées*.

1080. Carnaval (1024-1068). Suite complète de 50 pl. sur chine, en 1 alb. in-4° cart. (piqûres à plusieurs pl.).

1081. Impressions de Ménage (2e série) (1090-1128), 39 pl., 1 vol. — Baliverneries Parisiennes (1004-1023), 24 pl., 1 vol. — Affiches Illustrées (998-1003), 6 pl. — Gentilshommes Bourgeois (1087-1089), 3 pl. — Le Parfait Créancier (1130-1139), 10 pl. — Des Mères de Famille (1076-1080), 5 pl. — Chemin de Toulon (1069-1075), 10 pl. — Faits et Gestes du Propriétaire (1081-1086), 6 pl. — Les Patrons (1140-1141), 2 pl. — Les Parents Terribles (1129), 1 pl., complet, 1 vol. — Ensemble 106 pl. en 3 volumes in-4°, demi chagr. rouge à coins. Belles épreuves, sur chine *(suites complètes).*

1082. *Politique de Femmes* (1180-1197), suite complète d'une couv. et 20 pl. color., 1 vol. in-4° demi bradel — *Souvenirs du Carnaval*, 25 pl., album factice comprenant : *Souvenirs du Carnaval* (2017-2022 et 307-309), 9 pl. (complet noir *et modèles de coloris*), *Les Bals Masqués* (p. 87), 7 pl. (complet noir *et modèles de coloris*), Costumes historiques (p. 533), 12 pl. Ensemble 64 pl. en 2 vol.

## GAVARNI (d'après)

1083. *La Correctionnelle, petites causes célèbres... accompagnées de cent dessins par Gavarni*, Paris, *Martinon*, 1840, in-4°, fig., demi chagr. noir. Bel exemplaire.

## GÉRARD-FONTALLARD (H.)

1084. *Aujourd'hui, bulletin des Modes ridicules*, 1838, suite de 12 pl., *coloriées*, en 1 alb. in-4°, cart.

1085. *Histoire d'une Epingle par elle-même En Seize tableaux composés et Lithographiés par H. GERARD-FONTALLARD...* Paris, s. d. (1827), couverture, avant-propos et 16 pl. en 1 alb. in-4° cart. Belles épreuves, *coloriées.*

## GÉRICAULT (J. L. Th.)

1086. *Shipwreck of the Meduse* (Ch. Cl. 24). Très belle épreuve.

## GIOT (Chez)

1087. La Perruque Enlevée. Très belle épreuve, *coloriée.*

## GIRIN — MORIN (E.) — PELCOQ

1088. Girin. *Le Parisien hors de chez lui, souvenirs et Impressions de voyage*, couv., titre et 25 pl., 1 vol. — Morin (Ed.). *Ces*

*Bons Parisiens*, titre et 20 pl. *coloriées*, 1 vol. — PÉLCOQ. *Actualités* (de Martinet), 66 pl., 1 vol. — ACTUALITÉS, par Gavarni, de Beaumont, Mariani, Plattel, Pruche, etc., 73 pl., 1 vol. Ensemble 184 pl. en 4 vol. in-4°, demi chagr. rouge à coins. Belles épreuves.

## GODEFROY (Adrien)

1089. Le Thé Parisien, d'apr. F. J. Harriet. Très belle épreuve, *coloriée*.

## GOUT DU JOUR (Le)

1090. LE GOUT DU JOUR, planches 1 à 48, auxquelles ont été ajoutées les 3 pièces suivantes portant ce même titre : *Restaurant du Bœuf à la Mode*, — *La Fureur des Bolivars ou le Goût du Jour* — *Le Goût du Jour, n° 100*. Soit ensemble 51 pièces, *coloriées*, la plupart en très belles épreuves.

## GRANDVILLE (d'après J. J. I.)

1091. Carte Vivante du Restaurateur. Suite complète de 12 pl. par Pannetier, d'après Grandville, en 1 album in-4°, demi rel. à coins. Belles épreuves, *coloriées*.

1092. Chaque Age a ses Plaisirs, Paris, Gihaut, couv. et suite complète de 10 planches, en 1 album in-4°, demi chagr. rouge à coins. Belles épreuves, *coloriées*.

1093. Le Dimanche d'un Bourgeois de Paris, ou les Tribulations de la Petite Propriété. Suite complète de 12 pl., en 1 album in-4°, demi chagr. rouge à coins. Belles épreuves, *coloriées*.

1094. Les Métamorphoses du Jour, 1829. Paris, Bulla, couv. (rare) et suite complète de 73 pl. — Voyage pour l'Eternité, Paris, Bulla et Aubert, suite complète de 9 pl., 5 pl. diverses. Ensemble 87 pl. en 1 album pet. in-fol. oblong, demi veau jaune à coins, non rogn. Très belles épreuves, *coloriées*.

1095. Vingt-Quatre Breuvages de l'homme 6 pl. (sur 7 connues, manque Le Punch), 1 vol. — Galerie Mythologique, Paris, Bulla, suite complèts de 6 pl., 1 vol. Ensemble 12 pl. en 2 albums in-4° oblong, demi rel. Belles épreuves, *coloriées*.

## GRENIER (F.)

1096. Album de Chasses au Tir et au Chien d'Arrêt, titre et 33 pl. color., en 1 album in-4° oblong, cartonn. toile d'édition.

## GROSE (François)

1097. *Principes de Caricatures, suivis d'un essai sur la Peinture Comique, traduits en français*, Paris, *Renouard*, An X (1802), in-8°, portr. et 28 pl. demi maroq. brun à coins, tête dorée, non rogn.

## IMAGERIE POPULAIRE

1098. Sujets religieux, scènes d'histoire, contes d'enfants, 54 pl., *coloriées*, publiées à Paris, Beauvais. Metz, Epinal, etc.

## INVENTIONS DIVERSES

1099. *Representation of M^r Lunardi, making an Experiment on the Thames...* (London, publ. June 1787). Belle épreuve, *coloriée* (la figure *imp. en couleurs).*

1100. *Delineation d'une nouvelle machine, qui consiste à faire rouler un chariot sans chevaux...* (Gab. Bodenehr sculps.) épr. remontée) — Planche du Triomphe de Maximilien (tirage de 1796). 2 pl.

1101. *A Sure and Convenient Machine for Drawing Silhouettes — Dessein en perspective d'une grande loupe... exécutée par M. Charpentier.* — Voiture à double mécanique et serre-frein — Télégraphe de jour et de nuit — Vues et dessins de la Route sous la Tamise — Projet d'un vaisseau monstre pour un débarquement en Angleterre — Char à Voiles 5 pl. (3 par de Gheyn). Douze pl. (2 *coloriées*).

1102. *The Man wots got the whip hand of 'em all — Living made easy*, 2 pl. — *Ein Wettreiten im Jahre 1947! — The Century of Invention, anno 2.000* — Projet de Bateaux mouvants, etc. Douze pl. (5 *coloriées*).

1103. The March of Intellect, 5 pl. — The Balloon Kettle — Prodige de la Chimie — Telescopio del D^re Herschel, etc. Quinze pl. (5 *coloriées*).

## ISABEY (J. B.)

1104. Isabey (J. B.), par Monsaldy, P. Adam, Gavarni, Grevedon et Milius. 5 pl. Belles épreuves (une *coloriée*).

1105. *Caricatures de J. I., 1818*, Paris, l'auteur et chez Giroux (G. H., 2 à 13)— Couverture et suite de 12 pl., en 1 album in-4°, demi chagr. vert à coins. Belles épreuves *coloriées* (manque le titre-rébus) les pl. 8 et 11 en double.

1106. *Divers essais lithographiques de J. B. Isabey*, 1818 (14 à 21 et 81, 85) — Couverture et suite complète de 8 paysages et 2 portraits (5 doubles ou états ajoutés) soit 15 pl. Belles épreuves.

1107. Bal Déguisé de J. Isabey (25) — La Balançoire (28) 2 états — Jardin de la Manufacture de Sèvres (24) — Le Val, près l'Ile-Adam (22) — Voyage du B^on^ Taylor (31-36), suite complète de 6 pl., plus 1 état — Porte de Damas (30). Treize planches. Belles épreuves (6 sur chine).

1108. Portraits d'Hommes (H. 69-78). Treize pièces, y compris 3 doubles en *états*. Belles épreuves (4 sur chine).

1109. Sophie Gail (H. 82), 2^e^ état — M^lle^ Harmitt (84) — M^lle^ de Pavant (85), 2 épr. — M^lle^ Ledieu (86), 1^er^ et 2^e^ état — Adrienne Lecouvreur (90). Sept pièces. Belles épreuves (2 *coloriées*).

1110. M^lle^ Harmitt (84) — S. A. R. M^me^ la Dauphine (83) 1^er^ état — La C^esse^ d'Osmont (H. 87). Trois pièces. Belles épreuves.

1111. Arrivée de S. A. R. le Duc de Bordeaux, à Chambord (29) — Bonaparte, par Lingée et Godefroy — Inauguration du port de Cherbourg, par Piringer. Trois pièces par ou d'apr. Isabey. Belles épreuves. (On a joint 2 pl. du Sacre de Charles X et du Règne de Napoléon, et l'Ecu de France, par Mouilleron, d'apr. E. Isabey).

## ISABEY (d'après J. B.)

1112. L'Impératrice Joséphine, par Monsaldy. Belle épreuve, *imp. en couleurs*).

1113. Napoléon le Grand — Marie-Louise — Deux pièces, par Mécou, se faisant pendants. Très belles épreuves.

1114. Napoléon le Grand, Marie-Louise, 2 pl., par Mécou (l'une timbrée) — Grand habit de S. M. l'Empereur Napoléon I^er^ (et de l'Impératrice Joséphine) le jour du Couronnement, 2 pl., par Pauquet, en noir et coloriées. Six planches.

1115. Marie-Louise, par Monsaldy. Très belle épreuve, *imp. en couleurs, timbrée*.

1116. *Maria Louisa, late Empress of France*, par H. Meyer. Belle épreuve, *imp. en couleurs*.

1117. Napoléon (Francois-Charles), Prince of Parma, par W. Fry, 1817. Belle épreuve *imp. en 2 tons et coloriée*.

1118. Portraits de Napoléon, Joséphine, Marie-Louise, du Roi de Rome, par Mécou, L. Rados, Rosaspina, Tardieu, Pauquet, etc. Dix-sept pl. Belles épreuves.

1119. Mᵉ Dugazon, par Monsaldy. Très belle épreuve, *imp. en couleurs*.

1120. Mˡˡᵉ E. Leverd, par H. Garnier et J. Mécou — Mˡˡᵉ Herminié — Duchesse de Courlande, par Mécou — Marie Chamand, Cᵉˢˢᵉ de la Valette — Sophie Zamoyska, par Hopwood — Maria, grossfürsten von Russland, par J. G. Mansfeld, etc., etc. Quatorze pl. Belles épreuves.

1121. Baptiste aîné, par Grevedon — Agasse, par Singry — Alexandre Iᵉʳ, 2 pl., l'une par Hofel — Wellington, par Mécou — Le Prince de Ligne, par E. Gervais — Denon, grav. par lui-même — Jourdan, par Ruotte, etc. Dix-sept pl. (1 sur chine, 1 coloriée).

1122. Barbier Valbonne, par Aubertin — Hubert Robert, par Miger — Barrère à la tribune, par Denon — Parny, par A. Tardieu, etc. Vingt-sept pl. Belles épreuves.

1123. *Voyage en Italie*, 30 dessins lithographiés (37-66). Suite complète avec la couv., la table et 3 états ajoutés. Ensemble 33 pl. — Geneviève et Lancelot, par Debucourt (l'Album) — Le Petit Coblentz, par E. Loizelet, etc. 44 pièces (2 *coloriées*).

1124. La Barque d'Isabey, par Aubertin. Très belle épreuve, à toutes marges.

1125. Le Coup de Vent, par Aubertin. Deux très belles épreuves à toutes marges, une *avant la lettre*.

1126. Le Départ — Le Retour. 2 pl. au pointillé, par Darcis (piqûres).

1127. Le Retour, par Mansold, petite pièce ronde, *imp. en couleurs* (plis en marge).

1128. Salle d'Exhibition de J. Isabey, à Londres (1820), aquatinted by W. Bennet. Deux épreuves, une coloriée.

1129. Congrès de Vienne, par J. Godefroy (avec 2 pl. explicatives). Très belle épreuve avant l'inscription «déposé à la Direction» (petite restauration).

## ISABEY et PERCIER (d'après J. B.)

1130. Le Sacre de S. M. l'Empereur Napoléon, dans l'Eglise Métropolitaine de Paris, le XI Frimaire, an XIII, Dimanche 2 Décembre 1804. 1 vol. in-fol., rel. mar. plein, fers et chiffre impérial. Bel exemplaire auquel il a été ajouté 102 épreuves d'états, *eaux-fortes pures*, *avant lettre*, etc., plusieurs portant un *bon de paiement* signé par Isabey. Très rare dans cette condition.

## ISABEY (J. B.) et VERNET (d'après C.)

1131. Revue du G[al] Bonaparte, P[er] Consul, an IX (1800), gravé par Pauquet et terminé par Mécou. Série des 5 états connus. Très belles épreuves (2 avec le cachet d'Isabey). (On a joint la pl. explicative).

## JACQUE (Charles)

1132. Les Malades et les Médecins, suite complète de 26 pl., en 1 vol. in-4°, cartonn. toile d'édition. Bel exemplaire en épr. coloriées.

## JAIME (E.)

1133. *Musée de la Caricature ou recueil des caricatures les plus remarquables publiées en France depuis le XIVe siècle jusqu'à nos jours, avec un texte explicatif par MM. Brazier, Brucker.* Paris, Delloye, 1838, 2 vol. in-4°, fig., demi basane. Bel exemplaire.

## JAZET (J. P. M.)

1134. Bivouac des Alliés aux Champs-Elysées, d'apr. Sauerveid. Superbe épreuve *avant toute lettre*, *coloriée.*

1135. La Promenade du Jardin Turc, d'apr. J. J. de Bez. Belle épreuve, *coloriée* (piqûres). Encadrée.

1135 *bis*. Le Départ pour le Marché — Le Marché conclu. 2 pl. imprimées en couleurs et rehaussées. Belles épreuves (légères épidermures).

1136. Le Maréchal Moncey à la Barrière de Clichy, d'apr. H. Vernet (avec la pl. explicative). Très belle épreuve.

1137. Mœurs du xixe Siècle : Les petits Bourgeois parisiens en partie de campagne — La Pluye d'orage — Une heure avant le Concert — Une heure de retard pour le Concert. Suite de 4 pl. d'apr. Testard. Très belles épreuves, *coloriées.*

1138. Les Occupations de l'Hiver — Les Amusemens de l'Hiver — L'Aveugle en danger — L'Ermite Bienfaisant. 4 pl. en *2 tons* et *rehaussées.* — Belles épreuves.

1139. Les Saisons. Suite de quatre pièces, d'apr. Martinet. Belles épreuves, *imp. en couleurs* (petite éraflure à 2 pl.).

1140. Tirage au sort pour la Conscription — La demande en Mariage — Célébration du Mariage — Le Retour de l'Eglise — Le Repas de Noce. 5 pl. d'après le Comte. Belles épreuves, *imp. en couleurs* et *rehaussées.*

## JEUX (Est. relatives aux)

1141. Le petit bonhomme vit encore — Trois petits Pâtés ma chemise brûle — Colin Maillard assis. Trois pièces. Très belles épreuves, *imp. en couleurs*, avec rehauts.

1142. Le Jeu à la Mode — Le Diable à quatre — Jeu des quatre Coins — Gâre aux Nez ou le Jeu de Volant — Goddem! prenez garde à moi — Le Roi du Maroc — Le Chevalier de la Triste figure. Sept pièces. Belles épreuves, *coloriées.*

1143. Le Baiser à la Religieuse, à la Capucine (chez Jean) — La Mouillette (chez Basset) — La Petite Loterie (chez Basset) — La Balançoire — Jeu du Pied de bœuf, le Chevalier de la triste figure, les Gages touchés, Jeu de la main chaude, série de 4 pl. (chez Noël). 8 pl. (3 *coloriées*).

1144. Jeu de Société : pl. 26-27-28, 3 pl. — Les aprets *(sic)* du Bal — La Bouillotte Parisienne — Les Joueurs du 31, etc. Huit pièces. Belles épreuves, *coloriées.*

1145. Les Amateurs du Savant Jeu de Boule — Le Petit bonhomme vit encore — La courte-paille — Le doigt mouillé — Passe-temps militaire — Les Vrais diables — Il faut apprendre à jouer aux diables — Le Jeu de la main chaude, etc. 11 pl. Belles épreuves (5 *coloriées*).

## JOURNAUX et IMAGES POLITIQUES

1146. Le Retour de Rochefort à Paris, Février 1895, découpures de journaux et pièces diverses en 1 vol. in-fol. cartonn. — Jeu d'Oie Parlementaire — La République devant les Elections — Le Musée des Horreurs, par Lenepveu, n° 1 à 51 — Le Musée des Patriotes, N° 1 à 4, etc.

## LAMBERT JEUNE

1147. Retour du Roi (Louis XVIII), le 8 Juillet 1815 — Fête du Roi, 25 août 1815. Deux pièces se faisant pendants. Belles épreuves, *coloriées.*

## LAMI (Eug.)

1148. Souvenir du Camp de Lunéville, 1829. Suite complète de 6 pl. *coloriées*, remontées sur papier fort. 1 album in-4° oblong, demi maroq. rouge à coins.

1149. Souvenirs de Londres, 1828. Suite complète de 12 pl. en 1 alb. in-4° obl., cart. Belles épreuves, *coloriées*.

1150. Les Contretemps, Gide fils, 1823-1824. Suite complète de 24 pl. Belle épreuves, *coloriées*, en 1 album in-4° oblong, demi maroq. brun à coins (la vignette de la couv. ajoutée).

## LAMI (d'après Eug.)

1151. *Agréments de la Vie de Chateau*. Paris, *H. Gache;* Suite de 20 pl. *coloriées*, en 1 album in-4° oblong. demi-rel. à coins.

## LAMI (Eug.) — LEPRINCE (Xavier)

1152. Lami : *Six Quartiers de Paris* (voitures); Paris, Delpech, titre et suite complète de 6 pl. — Leprince : *Inconvéniens d'un Voyage eu Diligence, 12 tableaux*; Paris, Gihaut, suite complète. — Lami : *Tribulations des Gens à Equipages*; Paris, Delpech, 1827. Suite complète. Ensemble 24 pl. en 1 album in-4° oblong, demi-rel. à coins de l'époque. Très belles épreuves *coloriées*.

## LEPRINCE (attribué à Xavier)

1153. *Métamorphoses d'Arlequin, Parades...*, Bruxelles, 1826. Couverture et suite complète de 12 pl., en 1 alb. in-4° cart. Très belles épreuves, *coloriées*.

## MADOU (J. B.)

1154. *Souvenirs de Bruxelles, dessinés par Madou*. Publiés par Dero-Becker, s. d. Titre et 8 pl. in-4° obl., en ff. Belles épreuves, *coloriées*.

1155. *Album Lithographique*. Suite de 12 pl. en 1 album in-4°, demi bradel toile verte, à coins. Belles épreuves, *coloriées*.

## MARLET

1156. Anthousiasme des Français pour Henri IV, le 14 Aoust 1818 — Pont-Royal, 19 Nov. 1832 — S. A. R. Mgr. le Duc d'Angoulême visitant le Mont-de-Piété — Ecole d'Enseignement mutuel à Metz — Cérémonie du Baptême de S. A. R. Mgr. le Duc de Bordeaux, 1er Mai 1821. Cinq pièces. Belles épreuves *(1 coloriée).*

## MARLET (d'après)

1157. *Tableaux de Paris.* London, *W. Sams*, 1824. Copies anglaises de 21 pl. gravées à l'aquatinte et *coloriées*. Un album in-4° oblong., demi maroq. rouge à coins.

## MARTINET (chez)

1158. Les Délices du Marais. Très belle épreuve, *coloriée.*

1159. La Réunion politique ou la Lecture du Journal. Très belle épreuve, *coloriée.*

## MAYEUX (Estampes relatives à)

1160. Recueil factice de 89 pl. par Traviès, Grandville, Robillard, Delaporte, Bourdet, etc., en 1 album in-4°, demi chagr. rouge, tête dorée. non rogn. Belles épreuves, la plupart *coloriées.*

1161. Recueil factice de 100 pl. par divers artistes, reliées ou en feuilles.

## MERYON (Charles)

1162. Charles Meryon, par Bracquemond. Superbe épreuve, *avec* le quatrain, de la collection Burty.

1163. Charles Meryon, 7 pl. d'apr. Bouvenne, Bracquemond, Dr Gachet et L. Flameng.

1164. Lettre-demande de souscription par le Ministère de l'Intérieur, 24 mars 1854. 2 p. aut. in-4. sign.

1165. La Vache et l'Anon (Loys Delteil 2) — Les trois Cochons devant l'étable (6) — Les deux Chevaux (7) — La Brebis et les deux Agneaux (8) — Les Marines (13-16). Quatorze pièces, y compris 4 pl. par Zeeman. Belles épreuves, plusieurs rares.

1166. Titre des Eaux-Fortes sur Paris (17) — Dédicace à Zeeman (18) — Ancienne Porte du Palais-de-Justice (19) — Tombeau de Molière (40). Quatre pièces. Belles épreuves.

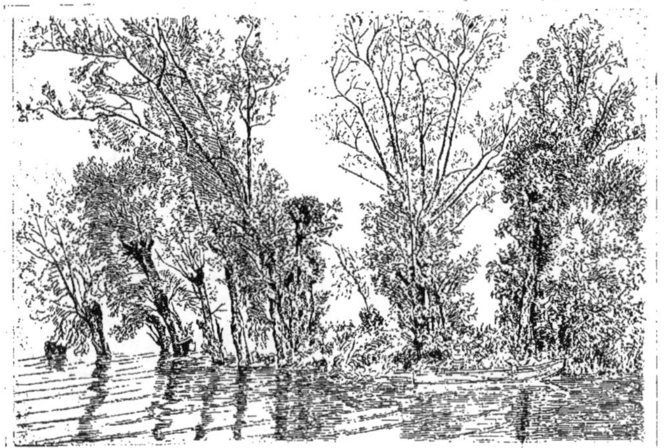

N° 809 du Catalogue.

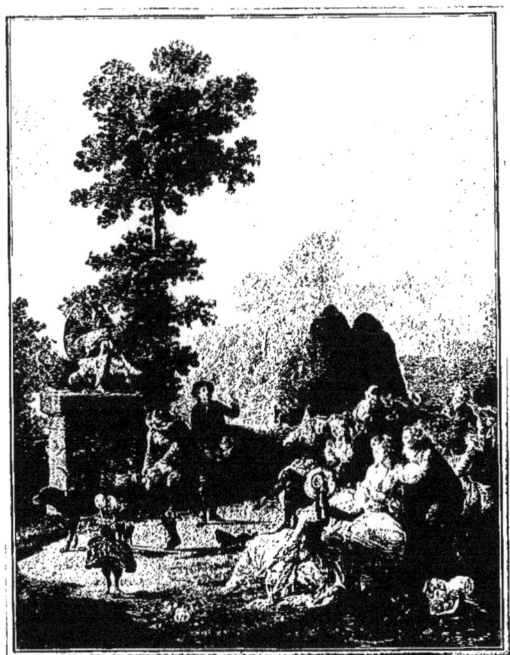

N° 726 du Catalogue.

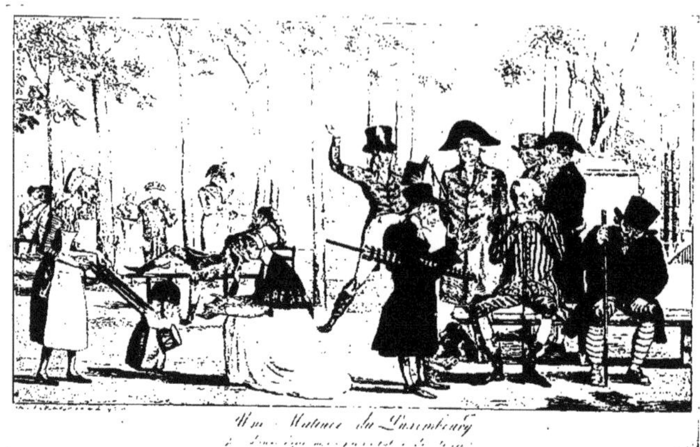


Nº 839 du Catalogue.

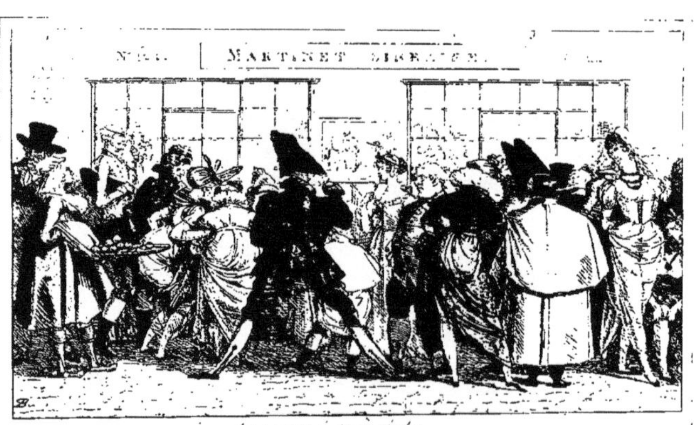


Nº 784 du Catalogue.

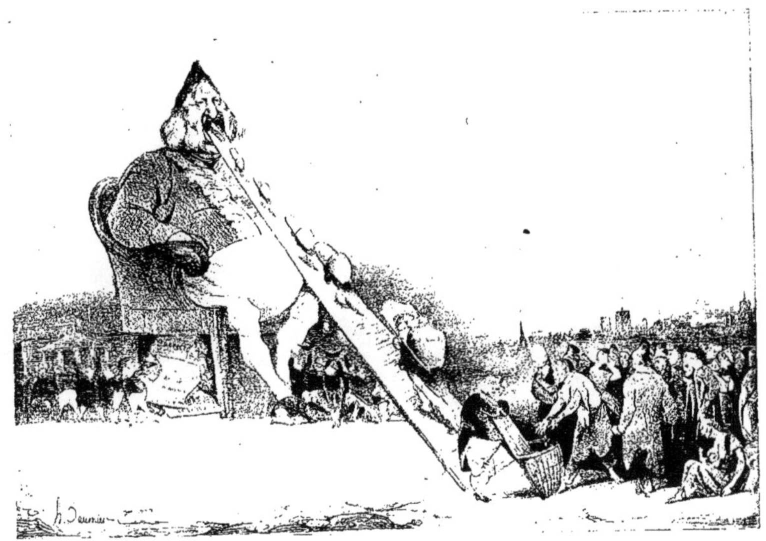

N° 963 du Catalogue.

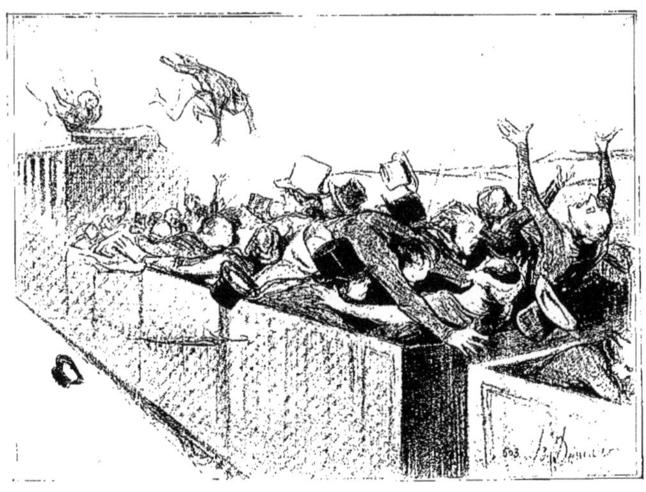

N° 997 du Catalogue.

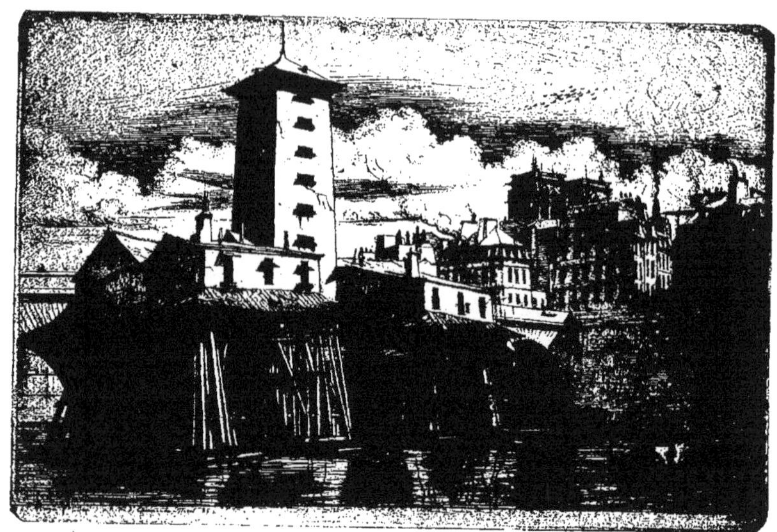

N° 1179 du Catalogue.

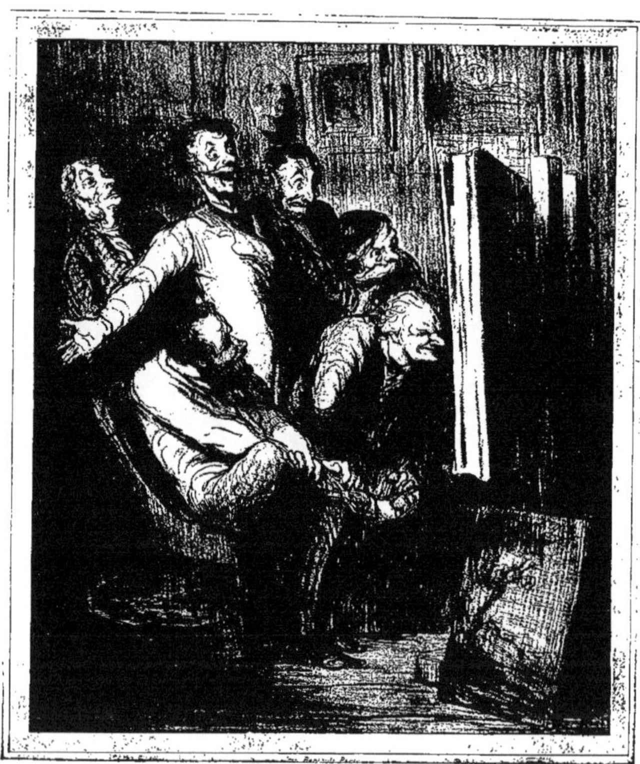

N° 969 du Catalogue.

1167. Armes Symboliques de la Ville de Paris (21). Très belle et fort rare épreuve du 1er état, des collections Burty et S. Haden. On y a joint une épreuve de l'état définitif.

1168. Fluctuat nec mergitur. Dessin *original* de Meryon pour l'eau-forte. Collections Burty et S. Haden.

1169. Le Stryge (23). Belle épreuve *avant la lettre et les retouches.*
On y a joint une épreuve de l'état définitif, soit deux pièces.

1170. Le Petit Pont (24). Deux belles épreuves des 4e et 5e états.

1171. L'Arche du Pont Notre-Dame (25). Superbe épreuve du 3e état, *avant la lettre*, sur papier verdâtre, *avec dédicace.*

1172. La Galerie Notre-Dame (26). Deux belles épreuves des 3e et 5e états.

1173. La Rue des Mauvais Garçons (27). Très belle épreuve.

1174. La Tour de l'Horloge (28). Superbe épreuve du 4e état, *avant la lettre*, *avec* la ligne marginale; sur papier verdâtre.

1175. La même estampe. Deux belles épreuves des 6e et 8e états (une *remontée).*

1176. Tourelle de la rue de la Tixéranderie (29). Belle épreuve du 2e état, *avant la lettre.*

1177. La même estampe. Très belle épreuve du 3e état.

1178. St Etienne-du-Mont (30). Deux très belles épreuves des 5e et 8e états.

1179. La Pompe Notre-Dame (31). Magnifique épreuve du 6e état, *avant la lettre*, sur papier verdâtre.

1180. La même estampe. Deux belles épreuves des 6e et 7e états.

1181. La Petite Pompe (32). Deux belles épreuves, une du 1er état, très rare, *avant divers travaux*, de la collection S. Haden.

1182. Le Pont-Neuf (33). Superbe épreuve du 5e état, *avant* les vers, sur papier verdâtre.

1183. La même estampe. Superbe épreuve du 6e état, *avec* les vers, sur papier verdâtre.

1184. La même estampe. Trois belles épreuves des 7e, 8e et 9e états.

1185. Le Pont-au-Change (34). Très belle épreuve du 5e état, *avec* le ballon Sperenza.
On y a joint la pièce de vers : *L'Espérance* (35).

1186. La même estampe. Bonne épreuve du même état.

1187. La même estampe. Très belle épreuve du 7ᵉ état, avec les corbeaux.

1188. La même estampe. Très belle épreuve du 10ᵉ état (sur 11).

1189. La Morgue (36). Belle épreuve du 4ᵉ état, *avant la lettre.*

1190. La même estampe. Belle épreuve du 7ᵉ état.

1191. L'Abside de Notre-Dame de Paris (38). Belle épreuve du 4ᵉ état, *avant la lettre.*

1192. Tourelle rue de l'Ecole de Médecine (41). Superbe et très rare épreuve du 2ᵉ état, *avant* divers travaux et *avant* le mot : CABAT.

1193. La même estampe. Trois belles épreuves *d'états différents.*

1194. Rue des Chantres (42). Très belle et rare épreuve du 3ᵉ état, *avant la lettre.*
On y a joint une épreuve de l'état définitif, soit deux pièces.

1195. Collège Henri IV (43). Superbe et très rare épreuve du 1ᵉʳ état, *non terminé,* des collections Burty et S. Haden.

1196. La même estampe. Très belle et rare épreuve du 5ᵉ état, *avant* les changements dans le fond.

1197. La même estampe. Deux très belles épreuves des 7ᵉ et 8ᵉ états.

1198. Bain-Froid Chevrier (44). Très belle et rarissime épreuve du 1ᵉʳ état, *non terminé,* des collections Burty et Seymour-Haden.

1199. La même estampe. Superbe et très rare épreuve, *avant la lettre* et *avant le monogramme.*

1200. La même estampe. Deux très belles épreuves, une *avec* la planche de vers.

1201. Le Ministère de la marine (45). Très belle et fort rare épreuve du 2ᵉ état, *non terminé,* des collections Wasset et Curtis.

1202. La même estampe. Trois très belles épreuves des 5ᵉ et 6ᵉ états.

1203. Le Pont-Neuf et la Samaritaine, d'apr. Nicolle (46). Très belle épreuve, *tirée en bistre.*

1204. Le Pont-au-Change vers 1784, d'apr. Nicolle (47). Superbe et rare épreuve, *avant toute lettre, avec dédicace* au Prince Ypsilanti.

1205. La même estampe. Très belle épreuve, *avant* les mots : *tiré...*

1206. La Salle des Pas-perdus, à l'ancien Palais de Justice, d'apr. Ducerceau (48). Trois très belles épreuves des 1er, 3e et 4e états.

1207. Rue Pirouette (49). Deux très belles épreuves des 3e et 5e états.

1208. Le grand Chatelet vers 1780 (52). Deux très belles épreuves, une *avant la lettre*.

1209. Porte d'un ancien Couvent, rue Mirebeau, à Bourges (54). Superbe et très rare épreuve du 1er état, *avec légende manuscrite* de Meryon et *signée* de ses initiales.

1210. Rue des Toiles, à Bourges (55). Superbe et rare épreuve du 2e état, *avec* le chien, légende *manuscrite* de Meryon; sur papier verdâtre.

1211. La même estampe. Très belle épreuve du 3e état, le nom de Meryon *biffé*.

1212. La même estampe. Deux très belles épreuves des 5e et 6e états.

1213. Ancienne Maison à Bourges (56). Superbe épreuve du 4e état, *avant la lettre*, sur papier verdâtre.

1214. Entrée du Couvent des Capucins, à Athènes (61). Très belle épreuve.

1215. Voyage à la Nouvelle-Zélande (63 à 72 et 74). Série complète, plusieurs en premiers états fort rares, soit 23 pièces. Très belles épreuves.

1216. Projets de billets d'actions, 2 pl., essais de gravure en relief, fort rares (97-98).

1217. Passerelle du Pont-au-Change (50) — Partie de la Cité vers la fin du XVIIe siècle (51) — L'Ancien Louvre, d'apr. Zeeman (53) — Chenonceau (58) — Chevet de St Martin-sur-Renelle (60). Huit pièces. Belles épreuves (2 *avant la lettre*).

1218. Le Pavillon de Mademoiselle et une partie du Louvre — Entrée du Faubourg St Marceau — Un Moulin à eau, près de St Denis — La Rivière de Seine et l'angle du Mail (9-12). Suite de quatre pièces, d'apr. R. Zeeman. Très belles épreuves.

On y a joint les pièces par Zeeman, soit ensemble 8 pièces.

1219. Portraits : Casimir Le Conte (77) — Ev. Boulay-Paty (78) — Viète (F.) (79) — René de Burdigale (80) — Besly (82) — L. J. Marie Bizeul (83), 2 états — Fillon (B.) (85). Huit pièces. Belles épreuves.

1220. P. Nivelle (81), 3e *(non terminé)* et 6e états — Agrippa d'Aubigné (84), 1er, 2e et 3e états. Cinq pièces. Très belles épreuves.

1221. Adresse de Rochoux (87), 2 états — L'Attelage (90) — La Loi Lunaire (91), 1er état — La Loi Lunaire, 2 pl. (92) 2e et 4e états. — La Loi Solaire (93). — Petit Prince Dito (99) — Rébus (100, 101, 102). Quartorze pièces. Belles épreuves.

1222. Ancienne Habitation à Bourges — La Loi Solaire — San-Francisco — Frontispice, etc., 25 pl. y compris plusieurs copies.

1222 *bis*. *Notes et Souvenirs sur Charles Meryon*, par Aglaus Bouvenne, Paris, *Charavay*, 1883, in-4° broché — *A Memoir and complete descriptive catalogue of his works, translated from the french of Philip Burty*, by *M. B. Huish*, London, 1879, in-8, cartonn. — *Ch. Meryon*, par Burty, article de 24 pp. (de la Nouvelle Revue, Janv. 1880), 1 vol. in-8° bradel toile — *Catalogue of Etchings by Meryon, exhibited Nov.-Dec. 1902, introduction by F. Wedmore*, London, 1902, in-12 br. — *Observations de Meryon sur le catalogue de la Revue des Beaux-Arts, 1863* (copie du manuscrit origninal) 1 vol. in-8°. Ensemble 5 vol.

## MODES DU JOUR

1223. MODES DU JOUR, par Blanchard, d'apr. Desrais, pl. 1 à 5, 8 à 11, 12 (2 diff.), 13, 15, 16, 18 et 21, soit 16 planches *coloriées*. Belles épreuees (plusieurs piquées ou légèrement tachées).

## MONNIER (Henry)

1224. Récréations du Cœur et de l'Esprit (113-154), front. et 30 pl. (sur 36) coloriées, en 1 album in-8° oblong demi basane rouge. Belles épreuves.

1225. Esquisses Parisiennes (B. 232-242). Suite de 10 pl. (incomplète du n° 5), soit 9 pl. Très belles épreuves dont 3 coloriées (nos 7-8-10).

1226. Scènes du Jour : Les Péchés Capitaux (B. 274-285). Suite complète de 12 ff. Belles épreuves dont 6 coloriées (nos 7 à 12).

1227. *Les Grisettes, dessinées d'après nature, par* HENRY MONNIER. Paris, H. Gaugain, s. d. (1827) (316-328). Frontispice et suite complète de 12 pl. en 1 alb. in-4°, cart. Belles épreuves *coloriées*.

1228. Les Grisettes (Delpech) (371-376). Suite complète de 6 pl. *coloriées*.

1229. Mœurs administratives. Suite complète de 6 pl. (377-383). Très belles épreuves, *coloriées*.

1230. *Galerie Théâtrale*, Paris, Gaugain et Ardit, s. d. (1828) (397-421), couverture et suite complète de 24 pl., en 1 alb. in-4° obl. cart. Très belles épreuves, *coloriées*.

1231. Boutiques de Paris. Suite complète de 6 pl. (426-431). Belles épreuves, *coloriées*.

1232. *Six Quartiers de Paris, par* HENRY MONNIER, *1828* (432-438). Paris, Delpech, couverture illustrée et suite complète de 6 pl. Très belles épreuves, *coloriées*.

1233. *Impressions de Voyage* (532-537). Suite complète de 6 pl. On y a joint 3 pl. soit 9 pièces (7 *coloriés*).

## MONTAGNES RUSSES

1234. Montagnes Russes, à Belleville (Barrière des 3 Couronnes). Trois pièces, par Michon et Bovinet (une en 2 états, *coloriées*). Belles épreuves (la pl. de Michon, *non terminée*).

1235. Montagnes Russes à Paris, Jardin Beaujon. Trois pièces, par Lerouge (2 états) et Caroline Naudet. Très belles épreuves, *coloriées*.

1236. Montagnes Russes : Saut du Niagara (rue S^t Lazare) — Promenade Aérienne (Jardin Beaujon) — Montagnes Russes (Barrière du Roule). Trois pièces formant série. Belles épreuves, *coloriées*.

1237. Montagnes de Glaces — Les Véritables Montagnes Russes (lith. Engelmann) — Jardins Publics des Montagnes Russes et du Panstéréorama (par J. B. V.), etc. Six pl. Belles épreuves (5 *coloriées*).

1238. Le Zéphir indiscret ou les charmes des Montagnes Russes (chez Genty) — Les Montagnes Russes ou la passion du Jour — Les Montagnes Russes de la Barrière du Roule — La Ramasse — Les Montagnes Egyptiennes (chez Martinet), etc. Sept pl. Belles épreuves, *coloriées*.

1239. La Course des Montagnes Russes à Paris — La Vogue des Montagnes — La Chute extraordinaire des Anglais et des Anglaises... — La Curiosité Anglaise ou le danger... — Théâtre des Variétés — Les Montagnes Russes au Vaudeville, etc. Onze pl. Belles épreuves, la plupart *coloriées*.

## MORRET (J. B.)

1240. La Diseuse de Bonne Aventure — L'Escamoteur. Deux pièces, d'apr. Pasquier, se faisant pendants. Belles épreuves, *imp. en couleurs*, toutes marges.

1241. Arrivée à la Fontaine de Jouvence — Effets merveilleux de la Fontaine de Jouvence. Deux pièces, d'apr. Paquet, se faisant pendants. Belles épreuves, *imp. en couleurs*, avec rehauts.

## MUSEE GROTESQUE (Le)

1242. Musée Grotesque. Suite complète de 1 titre et 65 planches *coloriées*, auxquelles on a joint : n° 3 *bis* — n° 6 (état) — n° 11 (état) — (n° 27 *bis* ?) — n° 53 (état) — n° 62 (état), soit ensemble 72 pièces, la plupart en très belles épreuves.

## MUSIQUE (Est. relatives à la)

1243. Concert d'Amateurs — Concert Anglais — Un Concert à Ste Pélagie — Le Trio sentimental — Les Ganaches à l'endroit difficile — Le Concert interrompu — Pensent-ils à la musique. Sept pièces. Très belles épreuves, *coloriées*.

## NAPOLÉON Ier (Est. relatives à)

1244. Napoléon Ier, 11 pl., par Duplessi-Bertaux, Wallis, J. David, etc. Belles épreuves (5 *coloriées*).

1245. *Madame Bonaparte dessinant le Portrait du Premier Consul* — *Madame Bonaparte (allant à la Course)* — Marie-Louise. Trois pièces. Belles épreuves, *coloriées* (une légèrement rognée dans ls haut).

1246. Napoléon Ier et Joséphine, à la Cérémonie du Sacre, 4 pl. publiées chez Jean. Belles épreuves, *coloriées*.

1247. Rose Joséphine Bonaparte, née de la Pagerie, dessinée d'apr. nature et gravé en 1797. — Marie-Louise — Napoléon II. Quatre pièces. Belles épreuves (1 *coloriée*).

1248. Napoléon Le Grand — Marie-Louise d'Autriche, Impératrice des Français, 2 pl. par A. Godefroy — Le Duc de Reichstadt, par Jazet (avant la lettre), et par Benedetti, d'apr. Daffinger. 4 pl. Très belles épreuves.

1249. Napoléon et Marie-Louise, air de la Sentiuelle, éventail avec couplets. Belle épreuve, *coloriée*.

1249 *bis*. Napoléon Ier, l'Impératrice Joséphine, Louis Bonaparte, Joseph Bonaparte, la Princesse Joséphine, la Princesse Louise, le Prince Eugène, vice-Roi d'Italie. Ensemble 10 pl. (dont 3 à 4 sujets), éditées chez Jean et Basset. Belles épreuves coloriées.

1250. Passage du Pont d'Arcole par les Généraux Bonaparte et Augereau (d'apr. Naudet) — Passage du Pont de Lodi, par Aubry, d'apr. Thomas — A Napoléon Pacificateur — Les Alliés sur la place de la Concorde. Quatre pièces (une restaurée).

1251. *Portraits exacts des Conspirateurs chargés par le Gouvernement Britannique d'attenter aux jours du 1er Consul; Désespoir des Ennemis de la France à la découverte de leurs complots* — A Bonaparte, pacificateur, par C. E. Gaucher — L'Empereur et l'Impératrice au pied de l'Autel, etc. Six pl. (4 *coloriées*).

1252. *Entrée du Premier Consul Bonaparte dans la ville de Rouen, le 18 Brumaire an II* (chez Vilquin). Très belle épreuve de la collection Soulavie.

1253. Vue de la Grande Parade passée par le Ier Consul dans la Cour des Tuileries, 2 pl. diff. par Le Beau et Legrand, d'apr. Desrais et Naudet, une en deux états, soit trois pièces. Très belles épreuves.

1254. Défilée (sic) des Troupes à la Grande Parade, devant le premier consul — Grand trône élevé dans la Nef de l'Eglise de N. Dame, sacre de Napoléon — Cortège de S. M. Napoléon Ier...., le 6 Nivose An 13 — Traité de Paix signé à Amiens, le 24 Mars, An 10. 4 planches d'après Naudet, par Blanchard et Le Beau. Belles épreuves, la dernière *coloriée.*

1255. Coup d'Etat du 18 Brumaire, 4 planches — Prestation du Serment du Clergé de France, entre les mains du 1er Consul Entrée des Français dans Vienne — Mort du duc d'Enghien, etc. Douze pl. (2 *coloriées*).

1256. *L'Empereur fait prêter serment aux membres de la Légion d'Honneur à l'Hôtel des Invalides ce 15 Juillet l'an 1804* (chez Chéreau) — *Napoléon Ier... distribuant des Croix de Distinction aux Membres de la Légion d'Honneur.* Deux pièces. Très belles épreuves (la 2e *coloriée*).

1257. Napoléon se rendant à N.-Dame pour le sacre 16 Déc. 1804 (passage du cortège devant le palais du Tribunat), par L. D. Leleu. Belle épreuve, *avant la lettre.*

1258. Rentrée de l'Armée Française à Paris, après la Campagne de 1805 (Lith. de G. Engelmann). Belle épreuve.

1259. Entrée de Napoléon dans Berlin, le 27 Octobre 1806. Quatre pièces par Jazet, L. Marin, ou éditées par Basset et J. Chéreau. Belles épreuves (une *coloriée*, une autre *avant la lettre*).

1260. Première entrevue de l'Empereur Napoléon et de l'Archiduchesse Marie Louise d'Autriche — Demande en mariage de l'Archiduchesse Marie Louise d'Autriche, au nom de l'Empereur. 2 planches. Belles épreuves (1 *coloriée*).

1261. Demande en Mariage de l'Archiduchesse Marie-Louise — L'Auguste Alliance ou le Mariage de l'Archiduchesse Marie-Louise — Remise de S. M. Marie Louise... à Mr le Prince de Neuchatel. Ensemble 3 pl. (1 coloriée).

1262. *Cérémonie du Mariage de l'Empereur Napoléon avec Marie Louise*, par P. Augrand, d'apr. Marleti. Très belle épreuve.

1263. *Voiture de Cérémonie de sa Majesté Napoléon Ier le Jour de son Mariage avec Marie-Louise* — Calèche de LL MM. Napoléon Ier et Marie-Louise — Leur Majesté... en Calèche, dans le Parc de St Cloud. Trois pièces rares. Très belles épreuves, *coloriées*.

1264. Grande Cérémonie du Mariage de LL. MM. Napoléon Ier et Marie Louise, par Lebeau, d'apr. Naudet — Couronnement de L.L. MM., d'apr. David — Le Cortège dans la Grande Galerie du Louvre, par Reinhold, d'apr. Zix, etc. Ensemble 5 planches. Belles épreuves (2 coloriées).

1265. Voiture de Sa Sainteté le Jour du Couronnement. Très belle épreuve, *coloriée*.

1266. Pie VII visitant l'Institution des Sourds-Muets — Pie VII visitant l'Institution des Aveugles-nés — Pie VII bénissant au Pavillon de Flore. Trois pièces par Marlet. Très belles épreuves, *coloriées*.

1267. Esquisse représentant la réunion des Souverains accompagnans S. M. l'Empereur et Roi au Bal donné par la Ville de Paris 4 Décembre 1809, par A. Godefroy. Belle épreuve.

1268. *Entrée de leurs Majestés Napoléon Premier et Marie Louise d'Autriche dans l'avenue des Champs Elysées le 2 avril 1810.* Belle épreuve, *coloriée*.

1269. Escorte des prisonniers Russes passant sous la porte St Martin, 1814, par P. M. Alix. Belle épreuve, *avant la lettre*. Rare.

1270. Les Adieux de l'Empereur à son Armée, à Fontainebleau — Les Aigles Brulées. Deux pièces. Belles épreuves.

1271. *Le Départ de Napoléon pour l'Ile d'Elbe, le 20 avril 1814*, par L. Beyer, d'apr. Reinhold (Vienne, chez Artaria). Superbe épreuve, *coloriée*. Rare.

1272. Vue Intérieure de l'Assemblée du Champ-de-Mai au moment de la présentation des Drapeaux — Seconde vue du Champ de Mai et de la prestation de serment par les troupes. Deux pièces par Jazet et Allix, d'apr. Martinet, se faisant pendants. Très belles épreuves.

1273. Abdication de Napoléon au Palais de Fontainebleau — Adieux de Fontainebleau — Débarquement de Napoléon dans le Golfe Juan — St Helena, taken from sea — Mort de Napoléon, 5 Mai 1821 — Tombeau de Napoléon à Ste Hélène, etc. 14 pl.

1274. The Total defeat and flight of the French Army (Waterloo)... — Etudes d'après nature — The Ex-Emperor in a Bottle — l'Ile St Hélène lieu d'exil du G[al] Buonaparte dit Napoléon — Le Jardinier de Ste Hélène — Calendrier Napoléon pour l'An 1822, etc. Onze pl. (3 *coloriées).*

1275. Grand Sceau des Armes de l'Empire Français — Sacre de Napoléon, 2 pl. — Arc de Triomphe, érigé par la Commune de St Cloud (1807) — Journée du Champ de Mai (1815), 3 états. 7 planches. Belles épreuves (5 *coloriées).*

1276. Les Bienfaits de la Paix — Explosion d'une machine infernale 3 Nivose, an 9 — Célébration de la Paix Continentale, 25 Messidor an 9, 2 pièces rondes — Arrestation de Pichegru — Marie Louise, archiduchesse d'Autriche — Départ de Fontainebleau, etc. 18 planches (6 *coloriées).*

1276 *bis*. Epoques de la Vie de Napoléon (chez Mme Ve Turgis). 4 pl — Napoléon Bonaparte 1er consul — Liberté des cultes... — Ils se réuniront à la Violette — Violettes du 20 Mars 1815 — La Violette du Printemps etc. Ensemble 12 pl. (5 coloriées).

1276 *ter*. Histoire de Napoléon, suite de sujets, composés et dessinés par V. Adam. Paris, Jeannin, s. d., couv. front. par Marin Lavigne, et 12 pl., en feuilles.

1277. Accouchement de Marie-Louise (A Paris. chez Mme Masson) — *L'enfance du Roi de Rome... Portrait de Madame sa Nourrice...* (chez la V[ve] Chéreau). Deux pièces. Très belles épreuves, *coloriées.*

1277 *bis*. L'Heureux Pressentiment. Un fils !! Je le dois à la France, par Morret, d'après Vexberg.

1278. Cérémonial de l'acte de naissance du Roi de Rome (20 mars 1811) — Les Relevailles de couche de S. M. Marie Louise (avril 1811) — Baptême de Napoléon... Roi de Rome (9 juin 1811). Trois pièces rares. Très belles épreuves, *coloriées.*

1279. Naissance du Roi de Rome, par Wattier — Français, voilà le Prince,... (présentation du Roi de Rome au peuple) — Baptême du Roi de Rome — The Cradle of the king of Rome — Naissance du Roi de Rome, par Alix, etc. Six pièces (2 *coloriées*).

1280. Grande Cérémonie du Baptême — Son Ombre me guide — L'Enfant du Régiment — L'Empereur confie au Génie de la France, son fils... etc. 8 planches (2 coloriées, 3 avant la lettre).

1281. Le Roi de Rome dans sa voiture — Promenade de S. M. le Roi de Rome dans sa calèche. 2 planches, épreuves coloriées.

1282. Voiture du Roi de Rome, Dessiné par A. Carassi, gravée et ciselée par Balzer. Très belle épreuve. Très rare.

1283. Portraits-charges, 7 pl. Belles épreuves, *coloriées*.

1284. Réunion de 290 caricatures relatives à Napoléon I^er^ et concernant les divers événements de son règne, la plupart en très belles épreuve et *coloriées*.

## NAUDET (chez)

1285. Le Sérail Parisien ou le Bon Ton de 1802, par Blanchard. Belle épreuve, *coloriée*.

## PETITS MÉTIERS

1286. Arts et Métiers (chez A. Tessier), pl. 29 et 31 — Les Grotesques de Paris, pl. 20 — La M^de^ de petits pains de Nanterre — Le M^d^ d'Allumettes d'Amadou, par Prot et Partout, etc. Six pièces. Très belles épreuves, la plupart *coloriées*.

1287. Vadé à la Halle prenant une leçon grivoise — Vielleuse et montreur de Lanterne Magique — La Danse des Chiens — Les Chanteurs ambulants — Le Bouquiniste en Jouissance — L'Amateur de Tableaux en extase. 6 planches. Belles épreuves (2 *avant la lettre*, 4 *coloriées*).

1288. Le Chanteur de Cantiques, par Madeleine Cochin, d'après Cofin fils — Le Troubadour du B^d^ de Gand — Les Savoyards — Les Artistes du 18^e^ Siècle, etc. 8 planches (5 *coloriées*).

1289. L'Ane Savant — La Danse des Chiens — Marchands d'habits — L'Ossian Moderne — Le Marchand de cannes — M^r^ Grenier à Puce, M^d^ de Chiens — M^r^ Clic Clac, M^d^ de Jouets, etc. 10 planches. Belles épreuves, *coloriées*.

1290. Le Marchand de Chansons — M^r Pigeon volé — La Force des reins — Remouleur Moderne — Les Petits Ramoneurs — La Danse de Corde, etc. 10 planches (7 *coloriées*).

1291. La Tireuse de Cartes — La Laitière — M^e Caquet, laittierre (sic) — M^de de Poisson — On la tire aujourd'hui — Les Charbonniers — Les Porteurs d'Eau — Le Galant Savetier, etc. 10 planches. Belles épreuves, *coloriées*.

1292. Le Marchand d'Oublis — M^r Courtaud ou la mauvaise Aventure — Fillette garde bien ton argent — La Petite Marchande de fleurs et de fruits — M^d d'habits... vieux galons — M^r Gillet tailleur, etc. 11 pl. Belles épreuves (9 *coloriées*).

1293. L'Escamoteur — Le Bouquiniste — Un Coin du Pont Neuf — Le Charlatan — Bobèche et Galimafré — Les Comédiens Ambulants, etc. 12 planches. Belles épreuves (6 *coloriées*, 2 *avant la lettre*).

## PHILIPON (Ch.)

1294. *Les Portes et Fenêtres, Inv. par Ch. Philipon, Exécutées Par plusieurs Artistes* — Paris, Aubert, s. d. Couverture (face) et 10 pl., *coloriées* en 1 alb. in-4° cart. Très belles épreuves.

## PHILIPON — PRUCHE

1295. *La Semaine des Amours*, Paris, chez Osterwald, couv, et 7 pl. (complet), 1 vol. — *Physionomies Théâtrales*, suite de 12 pl. 1 vol. Ensemble 19 pl. en 2 vol. in-4° demi-rel. ou bradel. Belles épreuves, *coloriées*.

## PHILIPON (Ch.) — WATTIER

1296. *Les Compensations, composées et dessinées par Ch. Philipon, lithographiées par Wattier*. Paris, *Osterwald*, s. d. Couvert. et suite de 48 pl. numérot. 1 à 24 et 1^bis à 24^bis (incomplète des n^os 17 et 24) soit 46 pl. en 1 album in-4° demi chagr. rouge (quelques pl. sont dereliées). Belles épreuves, *coloriées*.

## PIÈCES HISTORIQUES

1297. Louis XVIII et la Famille Royale — Portraits et pièces allégoriques, par Chapuy, Canu, Verzy, Bovinet d'apr. Chasselat, etc. 24 planches (4 *coloriées*, 2 *imprimées en couleurs*).

1298. Naissance et baptême du Duc de Bordeaux (Cte de Chambord). Dix pièces par Canu, J. Geoffroy, Caroline Naudet, etc. Très belles épreuves, une *imp. en couleurs* (3 *coloriées*).

1299. Entrée Solennelle de S. M. Louis XVIII dans Paris, par la porte St Denis, 3 mars 1814, par Alix (?) d'apr. Pécheux. Belle épreuve avant la lettre.

1300. Rentrée Solennelle de Louis XVIII dans sa bonne ville de Paris — Réception de Louis XVIII à l'Hôtel de Ville, 29 Aout 1814 — Le Porte Drapeau de la Fête Civique, par Copia, d'apr. Boilly — Distributions de vins et de comestibles — Exécution du Maréchal Ney, etc. 19 planches (10 coloriées).

1301. Campement des Alliés aux Champs-Elysées. Très belle épreuve, *avant la lettre.*

1302. Revue des Troupes Alliées, passée au pont de Neuilly, 17 Juillet 1815, par Charon, d'apr. Saint Fal — Ceremony of Te Deum by the Allied Armies, at Paris, 10[ch] April 1814 — Grand Entry of the allied sovereigns in Paris, 31 March 1814 — Entrée des Puissances alliées dans Paris, par la Porte St Martin, le 31 Mars 1814, par Levachez, d'après Pécheux. 4 planches. Belles épreuves (2 *coloriées).*

1303. L'Entrée d'une Partie des Alliés à Paris — Les Journaux — Evénement du 18 Juin 1814 — La Balance de l'Europe — Intérieur de la Chambre des Députés 1818 — La Bascule — Le Fanatisme attaquant la Charte — Reception d'un chevalier de l'Eteignoir — Grand assaut d'armes, entre le fils de St Georges et le fils de St Louis, etc., 17 planches. Belles épreuves, *coloriées.*

1304. Fête de S. M. Louis Dix-Huit au Jardin des Tuileries, le 25 Août 1815, ronde chantée devant la famille royale (chez M[e] Ve Chereau). Belle épreuve, *coloriée.*

1305. Chambre des Députés, tableaux figuratifs indiquant la place qu'occupe chacun des Mandataires, années 1818 à 1827. 7 planches, *coloriées.*

1306. Départ du Roi le 20 Mars 1815 — Retour du Roi le 8 Juillet 1815, par Alix, d'après Martinet. Deux planches se faisant pendants.

1307. Retour du Roi dans sa capitale le 8 Juillet 1815, 3 pl. différentes par Lambert, Anonyme et E. Picquenot. — Entrée à Paris de la Duchesse de Berry, 16 Juin 1816. 3 pl. différentes par Lambert, ou édit. par Chereau, Jean. Ensemble 6 planches (avec 2 états ajoutés), soit 8 pl. Belles épreuves.

1308. Départ des Troupes Etrangères (Octobre 1818) série de 4 planches éditées à Paris, chez Plancher. Belles épreuves.

1309. Fidélité et Dévouement, dédié à la Garde Nationale de Paris — La Garde Royale est là, hommage aux braves — Le Mai d'Amour, dédié à la Garde Nationale. Trois planches, éditées chez Charon. Belles épreuves, *coloriées.*

1310. Caricatures relatives à Louis XVIII. Réunion de 195 pièces, la plupart en très belles épreuves et *coloriées.*

1311. Scènes d'histoire relatives à Louis XVIII, Charles X et Louis-Philippe, 73 pl. par divers artistes. Belles épreuves (11 *coloriées).*

## PIGAL (Edm. J.)

1312. Médailles ou contrastes. Suite complète de 24 pl. en 1 alb. in-4° cart. Très belles épreuves, *coloriées.*

1313. Métiers de Paris. Suite de 12 pl., *coloriées,* en 1 alb. in-4° cart. (une pl. en double état *sur chine,* soit 13 pièces).

1314. Miroir de Paris. Série des pl. 1 à 13 (incomplète du n° 1), soit 12 pl. Belles épreuves, *coloriées.*

1315. Mœurs Parisiennes, titre (rare) et suite complète de 100 pl., *coloriées,* en 1 alb. in-4°. Bel exemplaire (petite cassure à 2 pl. et quelques piqûres).

1316. *Recueil des Scènes familières et de Société de Paris, par J. S. — Pigal, &., &.* — Paris, Martinet, 1833. Couverture, titre et 50 pl., plus 4 doubles et 1 pl. diff. (pour les *Scènes de Société* ou Société de Paris), titre et 50 pl., plus 1 double et 1 pl. diff. (pour les *Scènes populaires),* soit ensemble 107 pièces réunies en 1 alb. in-4° cart. coins (2 pl. manquent de conservation).

1317. Scènes Familières. Série des pl. 1 à 23 (incomplète des n$^{os}$ 3 et 13), soit 21 pl. Belles épreuves, *coloriées* (sauf deux), avec couverture.

1318. Vie d'un mauvais Sujet. Suite de 12 pl., en 1 alb. in-4° obl. cart. Très belles épreuves, *coloriées.*

## PIGAL — PAJOU — ARAGO — AUBRY — COLIN

1319. *Proverbes,* n$^{os}$ 1 à 66 (manque 13, 19, 25, 27, 30, 44 à 47, 55 à 60, 62, 65), 2 pl. ajoutées, soit 51 pl. *coloriées — Album comique de Pathologie pittoresque,* front. et 9 pl. en 1 album in-4° cart. Ensemble 60 pl.

## PLATTEL

1320. Les Quartiers de Paris, 11 pl. en 1 alb. in-4° obl. cart. (les n^os^ grattés).

## PORTRAITS

1321. Fauconnet — Jourdan — Malher — Lannes — Serrurier — Kellermann — La Reine de Prusse donnant à l'Adjudant Duroc une écharpe prussienne. 7 planches éditées par Jean, Basset ou Bonneville. Belles épreuves, coloriées.

1322. Famille Royale de France : Louis XVIII — Artois (C^te^ d') — Angoulême (Duc d') — Berry (Duc et duchesse de), 28 pl. par Canu, Bosselman, Massard père, Dissard, etc. Belles épreuves (4 *coloriées).*

1323. Portraits divers anciens et modernes, environ 100 pl.

## RAFFET (A. D. M.)

1324. Le Colonel du 17^e^ Léger (7) — S. A. R. Mgr le Duc d'Aumale (8) — Le Drapeau du 17^e^ Léger (83). Trois planches. Belles épreuves sur chine.

1325. Combat d'Oued-Alleg (G. 82) — Infanterie Polonaise marchant à l'ennemi. Deux planches. Très belles épreuves (la 1^re^ sur chine).

1326. Le Réveil (85) — Le Rêve (86) — La Revue Nocturne (429). Trois pièces. Epreuves sur chine.

1327. Retraite du Bataillon Sacré, à Waterloo (88). Belle épreuve.

1328. Napoléon en Egypte (119). Très belle épreuve.

1329. Huit feuilles de Croquis (317-324), suite complète. Très belles épreuves sur chine.

1330. Albums Lithographiques de 1830 à 1837 (Gihaut frères) (325-429). Série complète des 8 albums comprenant chacun 1 titre frontispice et 12 pl. Ensemble 104 pl. en 1 album in-fol. oblong, demi chagr. rouge à coins. Belles épreuves de tirages différents.

1331. Dessins faits d'après nature au Siège de la Citadelle d'Anvers, Paris, Gihaut frères (508-535). Suite complète de 24 pl. en 1 album in-fol. oblong, bradel toile. Belles épreuves du 1^er^ tirage (la pl. 22 est sur chine remonté, les 23 et 24 sur chine).

1332. *Retraite de Constantine* (536-542), couv. et 6 pl. — *Prise de Constantine* (543-556), couv. et 12 pl. Deux suites complètes, la 1re en épreuves du 1er tirage sur chine (rel. in-fol. oblong), la 2e en épr. du second tirage, sur chine (sauf 2 pl.).

1333. Expédition et Siège de Rome (557-593). Suite complète de 36 planches, en très belles épreuves sur chine, couv. de livraisons conservées.

1334. Planches extraites des Albums — Caricatures — Titres de romance, etc., 32 pl.

## ROUBAUD (Benjamin)

1335. Chemin de la Postérité. 3 gr. pl. *coloriées*, pliées, en 3 cart. in-4°, dos rouge.

## ROWLANDSON (Th.)

1336. *A Table d'hôte, or French Ordinary in Paris*, 1810. Très belle épreuve, *coloriée*.

## SAINT-CLOUD (Est. relatives à)

1337. Vue du Château de Saint-Cloud du côté du Parc, par Chapuy d'après Mongin — Vue de Saint-Cloud et des Environs, par Jazet, d'après Michalon. 2 planches. Belles épreuves *imprimées en couleurs*. Encadrées en pendants.

1338. Water Engine, St Cloud, par Hill d'après Nattes — St Cloud en Ballon, lith. par J. Arnout — Les Missionnaires au Mt Valérien, par Marlet. 3 planches *coloriées*. Encadrées.

## SCHEFFER (J. G.)

1339. *Expressions des plus exquis sentimens de nos grisettes, Recueillies et dessinées d'après nature par Scheffer* — Paris, Chaillou-Potrelle, s. d. Couverture et suite de 12 pl. *coloriées*, en 1 alb. in-4° dem. chagr., coins.

1340. Les Grisettes, nos 1, 2, 4 à 34 (plus un 10 *bis*), 36, 37, 41, 46, 47, soit 39 pl. Belles épreuves, *coloriées*.

1341. *Ce qu'on dit et ce qu'on pense. Petites scènes du monde, par Scheffer Gabriel.* Paris, *Gihaut frères*. Série des pl. 1 à 60. (incomplète des nos 19, 30, 49, 53, 54, 55, 57, 59) soit 52 pl. Belles épreuves, *coloriées*.

## SEYMOUR (R.)

1342. *The March of Intellect*, London, publ. by Th[s] M[c] Lean, 1829. Couv. et suite complète de 6 pl. en 1 album petit in-fol. oblong, demi veau jaune à coins. Belles épreuves, *coloriées*.

## SILHOUETTE (LA)

1343. La Silhouette : *Journal des Caricatures, Beaux-Arts. Dessins, Mœurs, Théâtres, etc.* Paris, 1829-1830, 4 tomes en 2 vol. in-4°. fig., demi maroq. brun à long grains coins, dos ornés, têtes dorées, non rog.

Très bel exemplaire, bien complet du texte (sauf la table du T. I, tirée à part, mais qui existe ici tirée sur la couv. de la 11e liv[on], 2e volume), et des planches, les couvertures conservées (quelques doubles avec différences).

## SUPRÊME BON TON (Le)

1344. Le Suprême Bon Ton, Paris, Martinet, s. d. Suite complète de 30 pl. *coloriées*. Très belles épreuves.

## SWEBACH (Ed.) — TRAVIÈS (C. J.)

1345. *Fastes des Habitants de Paris*, couvert. et 12 pl. 1 vol. — *Scènes de Mœurs*, série de 25 pl., coloriées, 1 vol. Ensemble 37 pl. en 2 vol. demi-rel. Belles épreuves.

## SWEBACH-DESFONTAINES (d'apr.)

1346. Promenade de Longchamp, an X, 1802. Belle épreuve, *coloriée* (piquée). Encadrée.

## TRAVIÈS (Ch.-J.)

1347. Comment on dîne à Paris. Suite de 25 pl. en 1 album in-4°, demi chag. rouge à coins. Très belles épreuves, *avant la lettre*.

1348. Promenades Parisiennes, 32 lithographies, savoir : *Barrières de Paris*, 8 pl., *Robert Macaire et Mayeux*, 6 pl., *Physionomies de Paris*, 8 pl., *Rues de Paris*, 10 pl., Paris, Pannier, 1843, 1 vol. — Album Traviès, 20 lithographies, savoir :

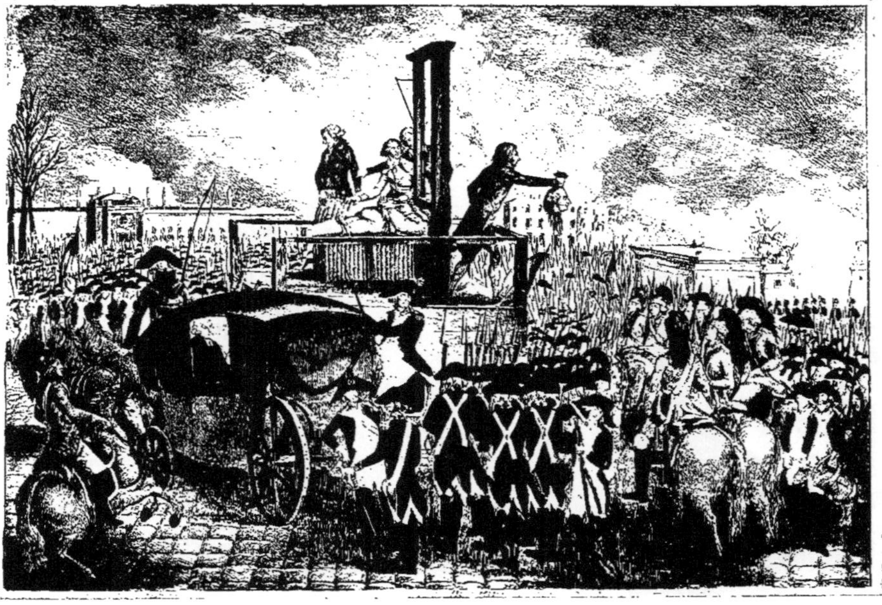

N° 556 du Catalogue

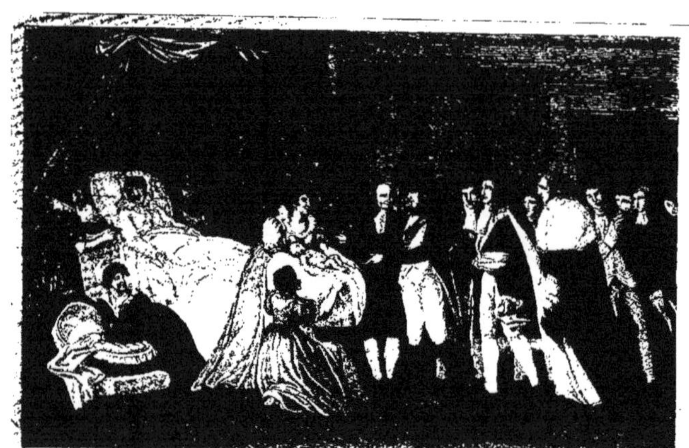

N° 1278 du Catalogue.

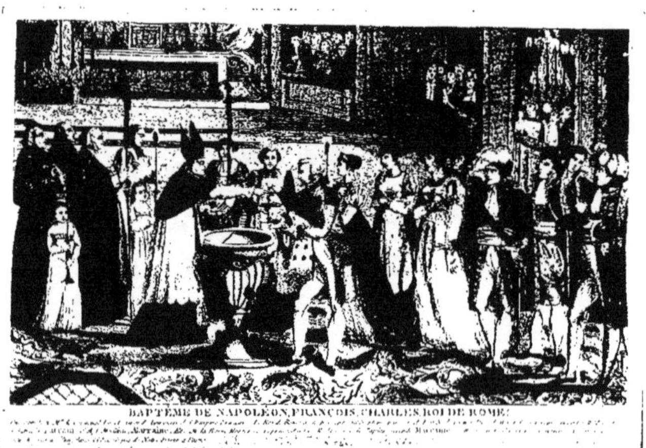


N° 1278 du Catalogue.

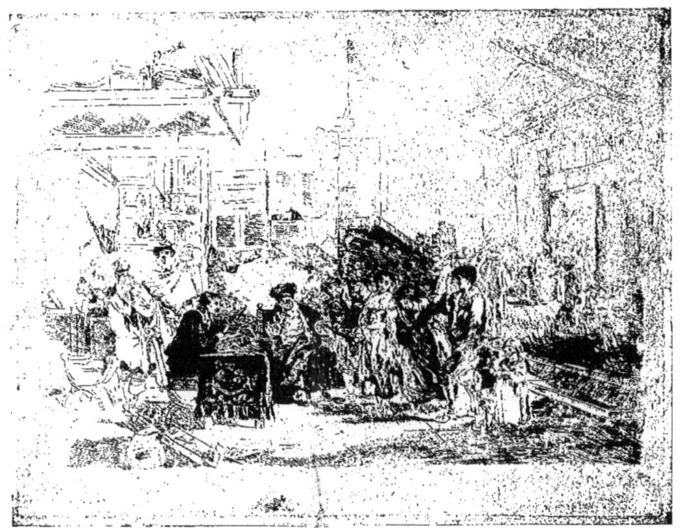

N° 258 du Catalogue.

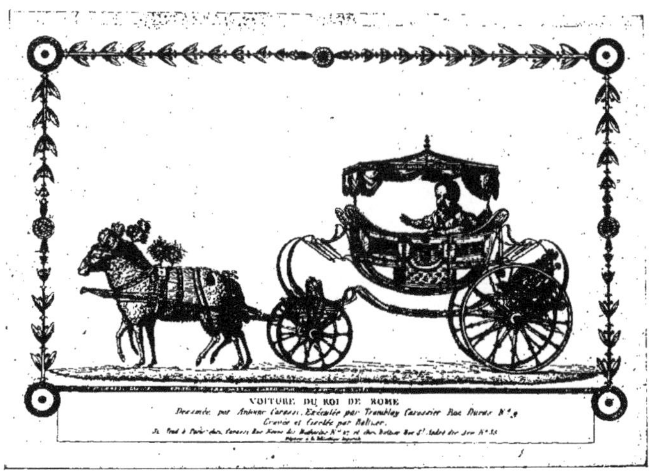


N° 1282 du Catalogue.

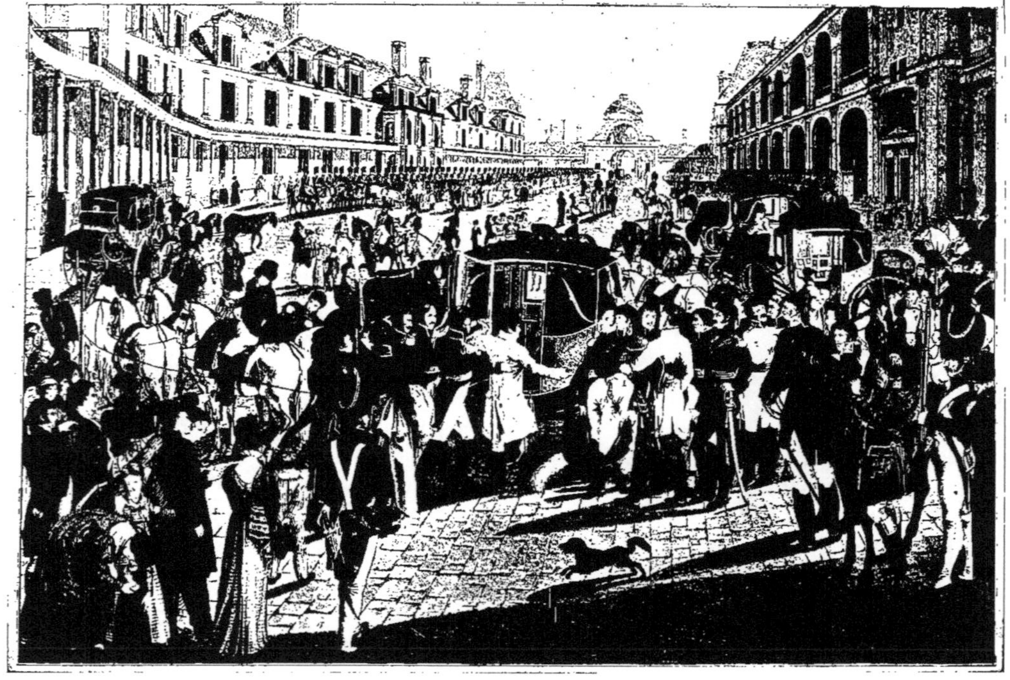

N° 1271 du Catalogue.

*Mœurs commerciales et industrielles, Paraphrases de La Bruyère. Un scélérat de neveu, Génies méconnus, Les joies et les misères du peuple*, Paris, Pannier, 1843 — Ensemble 52 pl., en 2 albums in-4°, demi-rel. Belles épreuves, *coloriées*.

1349. Scènes bachiques. Suite complète de 20 pl. en 1 alb. in-4° cart. Très belles épreuves.

1350. La Vie Littéraire. Suite de 20 pl., en 1 album in-4° demi chagr. rouge à coins. Très belles et rares épreuves, *avant la lettre*.

## TRAVIÈS (C. J.) — VERNIER (Ch.)

1351. *La Vie Littéraire* (chez Aubert). Suite de 14 pl. en épr. color., 1 vol. cartonn. d'édition — *Les Troupiers Français*, suite complète de 50 pl. en 1 vol. in-4° demi veau rouge. Ensemble 64 pl. en 2 vol.

## VERNET (d'apr. C.)

1352. Les Etrangers à Paris, par Denis Delacombe. Très belle épreuve, *coloriée*.

## VERNET (H.) et LANTÉ

1353. Incroyables et Merveilleuses. Suite de 33 pièces, par Gatine, numérotées de 1 à 33 et auxquelles on a joint : n° 22 (2 états différents d'une seconde pl.) et n° 31 (pl. différente) soit ensemble 36 planches *coloriées*, la plupart en très belles épreuves. — 1 alb. petit in-fol. demi rel. coins.

## VERNET (C. et H.) — CHARLET — MORISSEAU

1354. C. Vernet — Soldat jouant à la Drogue — Premier Janvier 1821 — La Danse des Chiens — La Garde Nationale, 4 pl., — Papa Dada, Papa Nanan. 11 planches. Belles épreuves (6 *coloriées*).

## VERNIER (Ch.)

1355. Actualités (Aubert et Martinet), 202 pl., en 3 vol. in-4°, demi chagr. rouge à coins. Belles épreuves, en partie *coloriées*.

1356. *Les Agaçants et les Agacés*, suite de 15 pl., 1 vol. — *Être et Paraître*, 18 pl. (sur 20) 1 vol. — *Les Vacances*, suite de 12 pl., 1 vol. soit 45 pl. en 3 vol. in-4°, demi chagr. rouge à coins. Belles épreuves.

1357. *Au Bal de l'Opéra*, suite de 24 pl., 1 vol. — *Du Jour au lendemain*, suite de 8 pl., 1 vol. soit 32 pl. en 2 vol. in-4°. demi chagr. rouge à coins. Belles épreuves.

1358. La Crinolomanie, suite de 44 pl. (sur 45, manque le 19) en 1 vol. in-4°, demi chagr. rouge à coins. Belles épreuves.

1359. Les Grisettes, 38 pl. en 1 alb. in-4°, demi chagr. coins.

1360. *La Rigolbochomanie*, couv. et suite de 30 pl., 1 vol. — *Le Quadrille des Lanciers*, suite de 8 pl., 1 vol. Ensemble 39 pl. en 2 vol. in-4°, demi chagr. rouge à coins.

## VINKELES

1361. Course au Champ de Mars, 1819, par M. Winkeles. Très belle épreuve, *coloriée.*

## VOITURES (Est. relatives aux)

1362. *Avenue des Champs Elysées*, *Jours de Long Champ*. Deux pièces par A. de Valmont, se faisant pendants. Belles épreuves (une *coloriée*). Rares.

1362 *bis*. *Expedition or Military Fly — Sadlers Flying Artillery*. Deux pièces, par Rowlandson, 1798, se faisant pendants. Très belles épreuves, *coloriées*.

1363. Jeu des Omnibus et Dames Blanches. Belle épreuve, *coloriée.*

1363 *bis*. Le Désagrément d'aller en phaéton — Le Mors aux dents — Le Désagrément d'aller à cheval — Le Désagrément des piétons dans Paris — Allons Messieurs, pour Versailles — Encore un pour Sceaux. Six pl. *coloriées*.

1364. *Les Nouvelles Voitures Publiques de Paris, dessinées d'après nature, par Karl Lœillot.* Paris, Gihaut, s. d. Couverture et 14 pl., coloriées (sauf les pl. 13 et 14 courtes de marge).

1365. Voiture du Jour — Les Inconvénients de la Mode. Deux pièces publiés par Roland. Très belles épreuves, *coloriées.*

1366. Voitures publiques, par A. Raffet, 1828-1829. Suite complète de 8 pl. Très belles épreuves, *coloriées* (sauf une).

1367. Une Calèche de Voyage — Les Jumelles — Une voiture de St Germain — Diligence — Parisienne — Coucou. 6 lithographies, par Aubry (1823) et Lœillot (1824) (plusieurs *coloriées*).

1368. Nova Vehiculiratio. ex precedenti Plostello deducta — Acinetocine — Chariot à Voiles — Voitures à 6 roues inversables, à trains articulés -- Aeroptère 1852 — l'*Elise*, bateau à vapeur — Locomobile à vapeur, inventée par H. Viel, etc. 12 pl. (2 *coloriées*).

1369. Anglo Parisian salutations... — La Promenade à Cheval — Le Départ, l'Arrivée, 2 pl. — Le Boulevard de Gand, à Paris — Les Voitures à six sous, etc. 9 pl. (8 *coloriées*).

## WATTIER (Ed.)

1370. La Journée d'une Actrice, ou 12 scènes de jour et de nuit. Paris, Gihaut frères, 1826, couv. et 12 pl. (complet) en 1 alb. in-4°, demi rel. à coins. Belles épreuves, *coloriées*.

## WATTIER — OSTERWALD (chez)

1371. *Echelle Conjugale, échelons ascendants* n° 1 à 8, 8 pl. *coloriées* — *Sagesse et Imprudence*, titre et 5 pl. 13 pl. Belles épreuves.

1372. Sous ce numéro il sera vendu environ 125 planches : Vues, Pièces Historiques, Portraits, Curiosités, etc.

# DESSINS

## BELLA (Stefano della)

1373. Album de 45 croquis et dessins à la plume (1640), en 1 vol. in-8 oblong, rel. peau de mouton (Rel. anc.) — Dessins datant du séjour de l'artiste à Paris, plusieurs donnent des vues de cette ville et de ses environs. (Collection Benjamin Fillon).

## BELLANGÉ (H.)

1374. Bellangé nettoyant son atelier. A la plume, *signé.*

## BRACQUEMOND (Félix)

1375. La Seine au Bas-Meudon, aquarelle, *signée.*

1376. Le Pont de St Cloud en 1853, croquis au crayon, signé — Le Pont de St Cloud en 1888, croquis au crayon conté, signé.

## BRESDIN (Rodolphe)

1377. Repos en Egypte — Les Chaumières — Intérieur. Trois dessins, plume et sépia.

## DEBUCOURT (attribué à P. L.)

1378. Les Gens gras. A la plume, lavé d'aquarelle. Collection du Dr Suchet, 1882. Encadré.
(On a joint la gravure par Beer). L. 393. H. 288.

1379. Plaideurs venant solliciter un Procureur. A la plume, lavé d'aquarelle ; en marge deux couplets manuscrits. Encadré. Collection du Dr Suchet.
(On a joint l'estampe ancienne du même sujet (à Paris, chez Jean), et la gravure moderne de M. Beer.)

## MONGIN (?)

1379 *bis.* Vue de la Grande Cascade de St Cloud. Aquarelle. A été gravée par Chapuy. Encadrée.

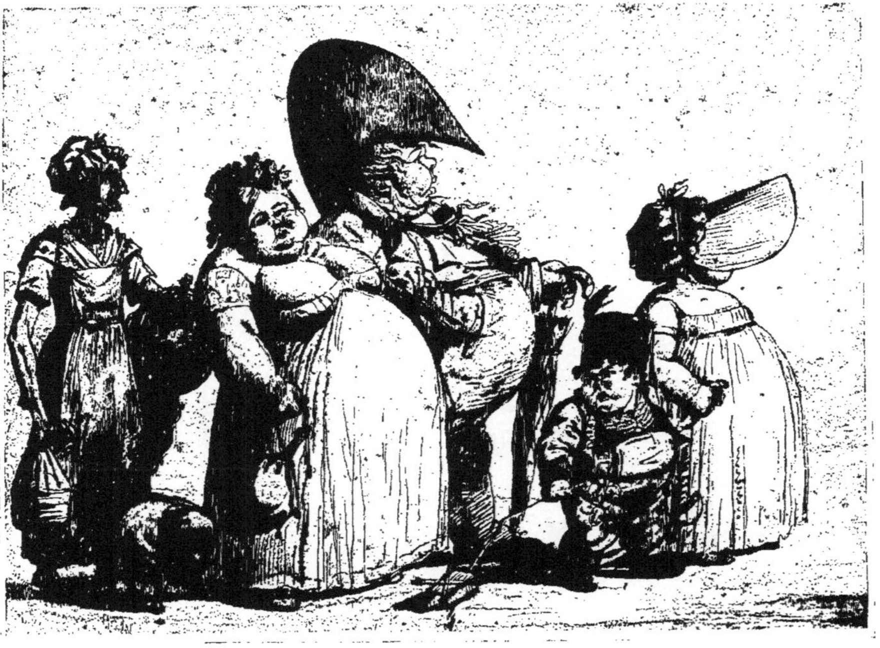

N° 1378 du Catalogue.

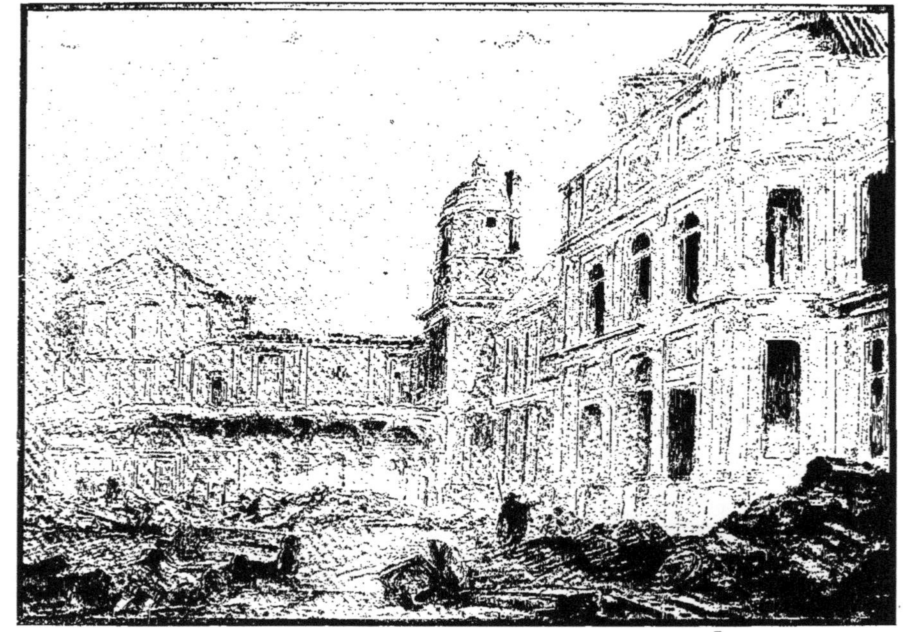

N° 1381 du Catalogue.

## NOBLESSE (François)

1380. *Divers Paysages faits à la plume*, 1676, 50 dessins (vues de Paris et paysages), la plupart d'après Callot et Silvestre, en 1 vol. in-12 oblong, maroq. noir, dos et plats ornés, tr. dor.

## ROBERT (Hubert)

1381. Intérieur de la Cour du Château de Meudon pendant sa démolition, en 1803. Aquarelle. Collection Jean Gigoux. Encadrée.

## VAUZELLE (J. L.)

1382. Château de Bellevue et de St Cloud. Aquarelle. Encadrée.

1383. Sous ce n°, il sera vendu huit dessins et aquarelles encadrées, relatifs à St Cloud, au Pecq et à St Germain. CE N° SERA DIVISÉ.

1384. Sous ce numéro, il sera vendu quelques estampes non catalogués.

---

FRAZIER-SOYE

Graveur-Imprimeur

153-155-157, Rue Montmartre

PARIS

FRAZIER-SOYE

Graveur-Imprimeur

153-157, RUE MONTMARTRE

PARIS

www.ingramcontent.com/pod-product-compliance
Ingram Content Group UK Ltd.
Pitfield, Milton Keynes, MK11 3LW, UK
UKHW020954230726
13923UKWH00007B/391

9 782329 045375